루미, 수피즘의 영원한 스승

지한 오쿠유주 지음
나 정 원 옮김

엠-애드

서문

   1207년 발크 그리고 1273년 콘야. 이 연도들은 위대한 수피 스승인 젤랄레딘 루미*Jalaladdin Rumi*의 시작과 끝을 표시한다. 그는 8세기 이전에 태어났으며, 돌아가신지 734년이 되지만, 출생에서부터 불멸의 삶까지의 비밀을 발견한 분이시다. 루미가 돌아가신지 여러 세기가 지났지만, 이 축복받은 인물은 결코 사라지지 않은 자신의 메시지를 가지고 우리 안에 아직도 남아 있다. 필멸의 모든 존재가 루미처럼 풍부한 삶을 살 수 있지는 않다. 시간이 지날수록 훌륭한 많은 인물들이 우리 기억 속에서 사라지지만, 루미라는 이름은 지간이 지날수록 더욱 빛난다. 루미의 축복받은 메시지를 전하는 사랑의 후광은 점점 더 커지고 있다. 8세기 동안 쉬지 않고 흐르는 사랑의 강물을 오늘날 많은 사람들이 새롭게 마시면서 그 의미를 새롭게 하고 있다. 이렇기 때문에 2007년을 유네스코에서는 루미의 해 Year of Rumi로 선포했다.

   루미에 대한 관심이 많아 질 수 있는 이유는 무엇인가? 루미는 어떻게 이토록 많은 관심을 끌 수 있을까? 아마도 아르베리A.J. Arberry의 다음과 같은 말에서 대답을 찾을 수 있을 것이다. "루미의 방대한 시를 보면 루미는 장엄한 산 정상에 서있으며, 루미 전후의 다른 많은 시인들은 언덕과 같다." 역사학자 조셉 폰 햄머*Joseph* *von Hammer*는 루미의 최대 저작인 『마스나위*Masnawi*』를, 갠지스 강둑에서 보스포러스 해안에 지역에 이르는, 모든 수피들의 지침서로 보고 있다. 하지만 루미의 메시지는 전 세계에 미치고 있기 때문에, 아마도 괜찮다면 이 지역을 더 넓힐 수 있을 것이다. 『마스나위』에서 루미는 육체의 질병 뿐 아니라 정신의 질병도 고치는 의사를 언급하고 있는데, 아르베리에 따르면 정신과 의사는 바로 루미이다. 아르베리는 루미의 저작이 유럽 사람들을 치유할 수 있다고 판단한다. 이렌느 메리코프*Irene Melikoff*도 마찬가지로, 루미의 저작을 번역해서 읽는 나라들에서는 어떠한 죄악이나 전쟁, 원한 또는 증오도 없을 것이라고 얘기한다. 루미가 발크에서 태어나고 콘야에 묻혔지만, 루미의 가슴은 훨씬 더 넓은 지역을 품고 있다. 루미는 시간과 장소를 넘어서 모든 사람들을 따뜻한 가슴으로 품에 안는다. 결국 세계 역사에서 하늘을 지붕으로 삼고 모든 사람들을 가족으로 받아들인 사람들이 얼마나 있는가!

    모든 인류에게 보내진 메신저인 무함마드의 진정한 계승자인 루미는 모두를 초월하는 언어로 우리에게 말한다. 콤파스에 두 개의 다리가 있는 것처럼, 루미의 한 쪽 발은 자신 나름의 가치 위에 있지만, 다른 한쪽 발은 하느님의 빛을 표현하고 있는 다른 모든 민족들 위에 있다. 무슬림들은 예언자 무함마드의 가르침들이 루미에서 나타났다고 보고 있을 뿐 아니라, 그리스도교 인들을 위해서는 예수의 가르침을, 유대교인들을 위해서는 모세의 가르침을 전하고 있다고 본다. 성숙한 가슴과 열정적인 마음 모두가 루미에게 있다. 이렇기 때문에 루미는 지금까지도 모든 사람들의 가슴과 마음을 채워주고 있다. 선함으로 초대하는 부름처럼 루미의 목소리는 아직까지 우리에게 울리고 있다. 우리는 루미 자신이 샴스에 대해 자신에게 말한 것을 비유로 얘기할 수 있다.

> 길 위에 물을 뿌려라,
> 뜰에 기쁨을 주는 물을.
> 봄날의 향기가 오네,
> 그 분이 오시네, 바로 "그 분"이.
> 우리에게 빛을 주시는, 사랑스러운 분이 오시네.
> 그 분을 모셔라, 길을 열어 드려라, 모두 흩어져라.
> 모두들 옆으로 비켜서라!
> 그 분의 얼굴은 빛이 나고, 너무도 순수하네,
> 그 분의 발길은 모든 곳을 비추네,
> 그 분이 오시네, 바로 "그 분"이.

"루미의 해"를 기념하기 위해 이 책은 준비되었다. 제1장과 제2장은 루미의 생애와 저작을 다루었다. 주요 자료들을 참고 하였지만, 이 책은 안내서이지 전문서적은 아니다. 제3장의 비유 이야기들은 주로 『마스나위』와 『피히 마피흐 *Fihi Mafih*』의 내용들이며, 루미의 철학을 이해하는 지침이 될 수 있다.

2007년 4월

파티 대학에서
지한 오쿠유주

한국의 독자들에게

터키 속담 가운데 '가장 좋은 친구는 가장 좋은 책 한 권'이라는 말이 있습니다. 인간과 책과의 관계는 인간들 간의 관계와 비슷합니다. 서점에서 보았던 책들은 매일 길에서 우연히 보고 지나가는 사람들과 비슷합니다. 길에서 지나치는 많은 사람들 중에서 몇 명만 우리의 친구가 되거나 혹은 삶에 영향을 미칠 수 있습니다. 이와 비슷하게 우리의 삶에 영향을 미치는 책들도 많지 않습니다. 지금 여러분은 이 책을 열고 대화를 시작하여 그 대화를 통하여 여러분 삶에 좋은 영향을 받기 바랍니다.

저는 이 작은 책에 세계적으로 유명한 수피의 삶과 철학을 담았습니다. 여러분은 이런 질문을 해볼 수 있습니다. '800년 전 다른 나라에 살았던 루미가 나의 삶에 어떠한 영향을 줄 수 있을까?' 대답은, '영국인 프랑스인 아랍인등 전 세계 어느 나라 사람이든 다들 같은 영향을 받을 수 있다' 입니다. 왜냐하면 루미는 한 문화의 영향을 대변하는 사람이 아니라 인류의 공통언어로 대화하는 영원한 영혼들 중 한 명이기 때문입니다. 오늘날의 개인 혹은 인류 전체에게 필요한 모든 것들을 시대를 초월하여 루미의 지혜로운 말씀을 통하여 배울 수 있습니다. 루미의 가장 중요한 책인 『마스나위Masnavi』

는 창조된 모든 것의 이해와 관용에 관한 책입니다. 세계화에 따른 인류에게 필요한 평화의 정신을 이 책에서 찾아볼 수 있을 것입니다. 위에서 언급한 평화정신을 다음 이야기를 통해 이해할 수 있습니다. 어느 날 아랍인, 터키인, 그리스인, 이란인 네 사람이 여행을 떠났습니다. 여행 중 점심이 되자 다들 배가 고팠습니다. 각자 천 원씩 모아 자금을 마련했습니다. 터키 사람은 이런 따스한 날에 가장 좋은 음식은 uzum이라고 말했습니다. 아랍인은 '아니야 가장 좋은 음식인 ineb을 먹자'고 이야기 했습니다. 이란인은 engur, 그리스인은 istafil을 먹자고 다들 각자 주장했습니다. 서로 자기가 먹고 싶은 음식을 사자고 주장하며 다투기 시작했습니다. 이들 옆을 지나가던 다른 사람이 이 사람들의 대화를 듣고 포도 2kg을 사서 여행자들에게 주었습니다. 그 때야 여행자들은 자신들이 주장하고 싸웠던 것은 결국 포도 때문이라는 사실을 알게 되었습니다. 다들 같은 것에 관하여 다른 표현을 했다는 것을 깨닫게 되었습니다. 루미에 따르면, 인류는 모두 기본윤리와 가치 속에 살며, 공동의 언어를 이해할 수 있는 사람들에게는 평화로운 정신이 찾아온다고 했습니다.

친애하는 한국독자 여러분

지금 여러분이 손에 들고 있는 이 책은 우리가 공유하는 가치들을 공동의 언어로 표현하고자 하는 노력들입니다. 바다 갈매기와 같은 저는, 루미라는 넓은 바다에서 한 방울의 물을 여러분에게 전하고 싶은 마음을 갖고 있습니다. 이 책 처음 부분에서는 루미에 관한 정보를 얻을 수 있으며, 두 번째 부분에서는 루미의 철학을 이해할 수 있을 겁니다.

8년 전 대동철학회와 부산대학이 함께 주최했던 '아시아 철학대

회'로 한국을 방문했을 때 저는 놀라움을 금치 못했습니다. 왜냐하면 우리를 친절히 대접했던 모든 한국 분들은 너무나 친절했으며 존경스러웠습니다. 루미 선생이 '인간은 윤리다'라고 말할 때 제가 느끼기에는 한국을 보고 말하는 듯했습니다. 제가 방문했던 많은 서양 나라들과는 달리 한국은 인간적인 모습을 간직한 채 경제 성장을 이루었다는 점에 놀랐으며 또한 한국에서 경험해 보았던 많은 풍습들이 제가 어린 시절에 경험했던 풍습들과 비슷하여 놀랐습니다. 후에 한국방문에 관한 기나긴 여행기를 터키 문학잡지에 실은 적도 있습니다.

한국 방문 때 만나서 우정을 쌓은 강원대 나정원 교수님이 애를 쓰셔서 이 책을 한국독자들에게 번역하여 소개하게 되었습니다. 나의 한국방문을 비롯하여 이 책을 만들기까지 도움을 주신 한국의 사위 에르한 아타이 교수에게도 감사의 마음을 전합니다. 루미의 가르침이 평생 이들에게 그리고 한국독자들에게 도움이 되기를 바랍니다.

2014년 2월

이스탄불에서
지한 오쿠유주

한국어판 축하의 글

　무함마드 젤랄레딘 루미, 즉 메블라나가 생애를 보낸 13세기는 사회문화적으로 상당히 혼란스러운 시기였으며, 하루라도 전쟁이나 혼란의 소식이 들리지 않는 날이 없는 때였습니다. 메블라나는 역병과 같이 퍼지는 악의에 찬 이 모든 생각들을 그의 조언들과 작품들을 통해 잠재우기 위해서 노력하였으며 그 목표를 달성하였다고 평가 받고 있습니다. 역병은 걷혔으며 그 자리에는 새빨간 장미향이 대신 퍼지게 되었습니다. 그는 그의 작품들, 특히 『마스나위』로서 평화, 사랑, 정의 그리고 도덕과 같은 개념들을 새로이 깨웠으며 새 문명을 건설하여 새 시대를 열었습니다. 본질적으로 『마스나위』는 아드리아해부터 중국까지의 모든 민족들의 역사와 문화 그리고 문명을 집대성한, 동양의 신비와 아름다움을 종합한 작품입니다.

　메블라나는 13세기의 최고 석학으로서, 당대의 아나톨리아와 이슬람 문명권을 밝게 비춘 태양과도 같았으며 그의 사후 이 역할은 그의 작품들이 대신 했음을 볼 수 있습니다. 우리가 현재 살고 있는 21세기는 13세기와 큰 차이가 없습니다. 우리는 현재 사랑과 연민, 형제애, 평화 그리고 정의와 같은 감정들에 그 어느 때보다도 메말라 있습니다. 이러한 감정들을 메블라나와 『마스나위』가 새로이 깨울 수 있을 것이라고 생각하며, 아나톨리아에서 자란 석학 메블라나의 생각들을 온 인류가 알아야 할 필요성이 있다고 봅니다.

   나정원 교수님은 메블라나의 도시 콘야에서 대단한 열정과 투지로 메블라나의 작품들을 연구하기 시작하였으며, 이 한 발자국이 온 한국을 메블라나의 횃불로 밝히는 큰 도약의 밑천이 될 것을 기대합니다.

2114년 2월

메블라나 대학교 교수
메블라나 연구소 소장
샤디 아이든

옮긴이의 글

이 책의 저본을 쓰신 분은 터키 이스탄불의 파아티 대학교수를 역임하신 지한 오쿠유주 교수님이십니다. 루미에 대한 평생의 연구로 이렇게 아주 쉽고도 대중적인 루미 소개서를 쓰셨습니다. 2007년 "메블라나Mevlana"라는 제목으로 터키어로 출판된 이 책은 2010년 "루미: 생애와 철학"이라는 제목으로 영어로 출판(출판사: Tughra Books, NJ, USA)되었으며, 이 영어판을 번역하면서 한국어판 제목은 제가 정했습니다. 그러나 원문은 충실하게 직역하면서 부드러운 우리말로 옮기려고 노력했습니다. 그리고 읽는 분들의 이해를 돕기 위해 원본에는 없는 도표, 지도, 사진을 제가 집어넣었습니다. 또한 터키 말, 아랍 말, 페르시아 말로 된 낱말들의 우리 말 표기도 고민하였으나 원어를 표시하는 정도에 그쳤습니다. 언제나 온화하고 겸손하신 지한 교수님은 루미가 사용한 여러 언어를 통하여 루미를 직접 연구하신 큰 학자이십니다. 10여 년 전에 이스탄불 파아티 대학에서 처음 뵌 지한 교수님의 책을 우리말로 옮기게 되어 대단히 기쁩니다.

본 역자는 10여 년 전부터 터키와 이슬람에 관심을 가져서 지금은 역삼동에 있는 이스탄불 문화원에 몇 년 전에 "루미포럼"을 만들고 한국대표를 맡고 있습니다. '루미 포럼'이라고 하면 언뜻 알아들으시는 분이 적어서 그냥 "한국-터키 포럼"이라고 소개하고 있습니다. 양국의 학문과 문화의 상호교류를 통한 상호이해 증진이 루미포럼의 지향점입니다. 다문화 사회나 종교간 대화의 정신과도 통하는 다원주의 사회의 정신을 특히 역사적으로 형제의 나라인 터키와 한국을 통해 구현하려고 노력하고 있습니다. 매달 2회 이상의 문화 학술포럼, 패널 토론, 한국 문화유적 답사, 터키 가정방문을 곁들인 문화유적 답사 등을 진행해오고 있습니다. 루미 포럼의 대표로서 루미에 관한 책을 번역 소개하는 작은 임무 가운데 하나를 이번 기회에 완수하게 되었습니다. 그러나 루미의 소개가 "루미 포럼"의 전체 모습은 결코 아닙니다. 이 책의 출판을 계기로 하여 기획하고 있는 다른 많은 작업들도 순조롭게 진행되기를 바랍니다.

본 역자는 고대 그리스 철학을 프랑스에서 전공한 가톨릭 신자입니다. 저의 이슬람과 터키에 대해 관심은 학문적인 동기로부터 출발했습니다. 이슬람, 오스만 제국과 터키 공화국의 종교적 관용과 더불어 아나톨리아 지역으로부터 우리나라에 이르는 지역의 인종적, 언어적, 문화적 정체성의 공통점은 아시아 대륙의 정체성 확인이라는 작업으로까지 연결되고 있습니다. 고대 그리스는 당대의 페르시아와 이집트는 물론 그 이전 인근 문화권으로부터 엄청난 영향을 받아 흡수하였으며, 인근 문명 없이는 성립될 수 없었습니다. 그러나 이러한 역사적 사실은 근대 서유럽 국가들의 세계지배로 인한 '유럽 중심주의' 때문에 학문적로도 언급조차 할 수 없게 한 적이 있었고 왜곡되어 버렸습니다. 고대 그리스 문명은 독자적이고, 고대 그리스를 부활시킨 르네상스는 근대 유럽의 핵심이라고 주장됩니다.

또한 이렇게 유럽 중심적이고 그리스 중심적인 역사관 또는 세계관은 보편적인 것으로 받아들여지고 있습니다. 우리들 자신도 이렇게 배웠고, 아직도 많은 사람들이 이렇게 가르치고 있습니다. 이것을 다른 말로 표현하면 오리엔탈리즘입니다. 식민사관도 이 범주와 성격을 공유합니다. 서양은 잘났고 동양은 못났다는 이분법입니다. 못난 동양은 잘난 서양을 배워 근대화와 민주화를 이룩해야 한다고 믿습니다. 또한 그리스 동쪽 지역의 동양은 오스만 제국이래 이슬람 지역으로서 서양 세력들에게는 그리스도교 세력의 적대 지역으로 간주되어 대립과 갈등의 대상이 되어왔고 지금도 그렇습니다.

그러나 고대 그리스는 물론 근대 그리스에 대해서도 우리는 유럽 중심주의적인 역사관을 통한 사실들을 배우고 있습니다. 유럽의 르네상스나 계몽주의도 중국의 공맹사상이나 오스만 제국의 문물이 없었다면 불가능했다는 사실을 아는 사람은 별로 없습니다. 그렇다고 근대화나 민주화의 가치가 부정될 수는 없습니다. 오히려 더 적극적으로 서양을 배우고 노력해야만 신자유주의와 세계화를 이겨낼 수 있습니다. 하지만 이러한 노력을 기울이는 가운데, 동양은 서양에 대해, 아시아는 유럽에 대해, 한국은 일본에 대해 선천적으로 못나지는 않았고, 저들에게 가르침을 준 때도 있었다는 사실을 분명히 알고 있다면, 미래를 위한 우리의 방향은 자연스럽게 정해지고 더욱 자신감이 생길 것입니다. 서양은 동양을 미워하지 않고 동양을 거의 열광적으로 배우고 흉내 내서 오늘의 서양이 되었습니다. 500년 남짓 밖에 되지 않습니다. 동양도 서양을 미워하지 않고 우리 나름의 근대화나 민주화를 위해 차분히 노력한다면, 서양에게 또다시 가르침을 줄 때가 반드시 올 것입니다. 그러나 무엇보다 중요한 점은 동양과 서양은 이분법적인 갈등과 경쟁의 대상이 아니라 공존과 교류의 대상이라는 사실입니다.

종교적으로도 마찬가지입니다. 서양의 종교와 동양의 종교가 따로 있지 않습니다. 유대교, 정교회, 가톨릭, 이슬람, 개신교 등 하느님을 믿는 종교는 모두 예루살렘과 연관이 있습니다. 종교적인 갈등과 우열의 가름은 종교에 세속적인 기준을 끼워 넣기 때문에 생깁니다. 그리스도교 국가들을 미워하면서 대항하는 알 카에다 세력을 이슬람의 어느 나라도 무슬림으로 인정하지 않습니다. 거꾸로 서양의 종교들 가운데서도 유럽 중심주의나 오리엔탈리즘을 위해 종파의 이익을 내세우는 것을 인정하지 않습니다. 세속적으로나 종교적으로 모두 동양과 서양이 공존과 교류를 위해 노력할 때 지구의 평화가 온다는 점은 아무도 거부하지 않을 것입니다.

본 역자는 서양의 르네상스와 계몽주의에서 중국과 이슬람, 오스만 제국의 영향이 지대했다는 명제, 그리고 조선 후기 이래 한국 국민은 사상적으로 자체적 근대화의 능력을 분명히 가지고 있었다는 명제의 구체적인 증명을 선후배 학자들과 함께 연구하고 있습니다. 머지않은 시기에 그 작업의 결과들이 나올 예정입니다. 이슬람과 관련된 작업 중의 하나가 루미의 소개입니다. 이슬람, 오스만 제국, 터키 공화국의 이해를 위해 연구해야 할 인물들은 많지만 먼저 루미를 소개합니다. 유네스코에서는 2007년을 '루미의 해'로 선포할 정도로 전 세계적으로 널리 알려진 루미가 우리나라에서는 상대적으로 덜 알려져 있습니다. 그래도 문학, 철학, 종교학 분야의 연구자들이 주로 2000년을 전후하여 루미 작품의 번역 소개와 연구 작업을 진행해왔기 때문에 어느 정도는 알려져 있습니다. 루미는 수피즘의 영원한 스승 가운데 한 분이며, 터키 공화국에서는 '20세기의 루미'로 존중받고 있는 페툴라 귤렌을 통하여 터키의 민주화와 근대화의 정신적 지주의 역할을 하고 있습니다. 2013년에 페툴라 귤렌은 우리나라에서 만해상을 수상하셨습니다.

 이 책을 번역하면서 긴 해제를 준비하였으나 읽는 분들의 부담을 덜고 편하게 하기 위하여 생략하였으며, 나중에 따로 논문으로 발표하기로 하였습니다. 대신 우리말로 이미 소개되어 있는 루미에 관한 업적들을 소개합니다. 먼저, 번역·출판된 루미 작품의 단행본은 모두 루미 작품의 발췌 영역본을 우리말로 옮긴 경우입니다.

이현주,『루미시초』, 선우, 1999
_____ ,『모든 것을 사랑에 걸어라』, 꿈꾸는 돌, 2003
_____ ,『사랑 안에서 길을 잃어라』, 산티, 2005(저본: Camille & Kabir Helmminski, RUMI daylight-A Daybook of Spiritual Guidance, Shambhala, Boston, 1999)
_____ ,『루미의 우화 모음집』, 아침이슬, 2010
이성열,『입술 없는 꽃』, 문학수첩, 2003,
최준서,『그 안에 있는 것이 그 안에 있다 : 이슬람 최고의 신비주의자 루미의 사랑의 계시록』, 하늘아래, 2003(저본1. Reynold Nicholson, The Mathnawi of Lalaliddin Rumi, London:1925-1940, 저본2. A. J. Arberry, The Rubiyat of Jalal al-din Rumi select Translations into English Verse)
_____ ,『사막을 여행하는 물고기』, 하늘아래, 2006

루미는 나름의 수피즘을 시작시킨 인물로 평가받고 있습니다. 이슬람 역사에서 수피즘을 전체적으로 조망하고 루미의 위상을 파악할 수 있는 좋은 개설서로는 이현주,『숨겨진 보물을 찾아서: 삶과 죽음의 연금술 수피즘』, 삼인, 2004(저본: Pir Valayat Inayat Khan, In Search of the Hidden Treasure: A Conference of Sufi(Penguin Putnam, Inc.2003)이 있습니다. 또한 개별적으로 수피즘과 루미 등에 대해 글을 쓴 연구자들로는 대표적으로 김관영, 신규섭, 특히 신은희를 들 수 있습니다.

김관영, 이슬람 신비주의 사상(sufism)의 실천적 측면에 관한 연구 : 지크르(dhikr)를 중심으로, 2000, 대동철학 11(2000.12) 23-42쪽, 대동철학회
_____, 이슬람 신비주의 사상에 관한 연구 :수피즘(sufism)의 본질을 중심으로, 2000 동서철학연구 : 한국동서철학연구회논문집. 제20호 (2000. 12), 277-315쪽 한국동서철학회
_____, 이슬람 신비주의의 수행 기법에 관한 연구: 수피 댄스를 중심으로, 2000, 인문사회과학논문집 4,2, 7-22쪽, 중부대학교 인문사회과학연구소
신규섭, 아프가니스탄의 페르시아 고전 시문학에 관한 연구, 세계문학비교연구. vol.10 (2004. 4), 91-114쪽, 세계문학비교학회
_____, 이크발의 詩철학에 끼친 몰라비(루미)의 영향 ; '완전한 인간론'을 중심으로, 외국문학연구, 제49호 (2013년 2월), 151-170쪽, 한국외국어대학교 외국문학연구소
_____, 우르두 문학 속의 페르시아 가잘 연구, 세계문학비교연구. Vol.32 (2010. 9),29-66쪽, 세계문학비교학회

_____, 페르시아 문학 속의 『칼릴라와 딤나』:『천일야화』의 원형을 탐색하며, 중동문제연구, 제9권 1호 (2010년 여름), 141-160쪽, 명지대학교 중동문제연구소

신은희, 루미의 [마스나위]에 나타난 '사랑' 모티브와 종교철학적 해석, 과 종교. Vol.14,No.3 (2009년 겨울), 1-37쪽, 한국문학과종교학회

_____,신, 그 영원한 나 :이슬람 수피즘(Sufism)에 나타난 '신인합일' 사상의 종교철학적 해석, 종교연구. 제56집 (2009년 가을), 293-324쪽, 한국종교학회

_____,에크하르트와 이슬람 수피 루미의 신비주의 연구, 신학사상. 통권 제147호 (2009년 겨울), 173-220쪽, 한국신학연구소

_____,서구문화에 나타난 수피즘 세마(Sema)예식 연구와 신학적 해석, 한국이슬람학회논총, 제20-2집, 한국이슬람학회, 2010, 135-166쪽

_____,루미의 [타브리즈 샴스 시집]에 나타난 가잘시와 수피사상 연구, 외국문학연구. 제 38호 (2010년 5월), 225-251쪽, 한국외국어대학교 외국문학연구소

_____,하페즈의 [디반]에 나타난 수피상징에 관한 연구, 문학과 종교. Vol.17 No.1 (2012년 봄), 85-114쪽, 한국문학과종교학회

이 밖에도 김능우(이슬람 정통교단에 대한 반동, 수피즘Sufism, 인물과사상. 통권146호, 2010년 6월, 154-168쪽, 인물과사상사), 소윤정(기독교적 관점에서 바라본 터키 수피즘의 영성에 관한 연구 ; 신과의 합일을 추구하는 '메블라나' 영성을 중심으로, 성경과 신학,

한국복음주의신학회논문집. 제58권, 2011년 4월, 129-156쪽, 한국복음주의신학회), 허혜정, 『천일야화』, 비단길, 그리고 처용의 문화, 2006, 동서비교문학저널. 제14호, 147-178쪽, 한국동서비교문학학회), 황병하(이슬람의 수피즘과 영성, 종교학보. 제2집, 2006년 11월, 61-109쪽, 한국종교간대화학회) 등의 연구논문, 그리고 강은애, 이현경, 강재춘, 정보해 등의 석사학위 논문도 참고할 만합니다.

우리는 터키의 문화와 역사에 대해 대단한 호감을 갖고 있습니다. 그러나 유럽 중심주의의 영향을 받은 교육과 보도 때문에 이슬람에 대해서는 근거 없는 거부감과 편견을 갖고 있습니다. 이 책을 통해 우리가 이슬람에 한 걸음 더 가까이 다가서는 데 도움이 되길 바랍니다. 한국을 전 세계에서 유일하게 형제의 나라로 여기면서 무조건 사랑하는 터키의 모든 친구들을 기억합니다. 이 책의 출판을 위해 많은 도움을 주신 에르한 아타이, 카디르 아이한, 김성민 그리고 도서출판 엠-애드 여러분께 감사드립니다.

2014년 2월

나 정원 삼가 씁니다.

목 차

서문 … 2
한국의 독자들에게 … 5
한국어판 축하의 글 … 8
옮긴이의 글 … 10

제 1장 사랑과 지혜의 삶
루미에 관한 주요 자료 … 22
루미의 초기 삶 … 24
샴스와의 만남 이후 … 37
메블레비 교단과 세마 … 81

제 2장 루미의 저작
『마스나위』 … 88
『디와니 카비르』와 그 외의 작품들 … 94
루미와 『마스나위』에 대한 찬사들 … 97

제3장 비유이야기를 통한 루미의 이해
  Ⅰ. 나는 누구인가? … 103
  Ⅱ. 인간성의 단계 … 112
  Ⅲ. 세상이라는 도시 … 119
  Ⅳ. 이성, 지식, 그리고 지식의 유형들 … 129
  Ⅴ. 이 세상에서의 의무: 정화된 사람과 성숙한 사람이 되는 일 … 139
  Ⅵ. 믿음과 그 주요 요소들 … 152
  Ⅶ. 예배 … 176
  Ⅷ. 친구에게 돌아감 … 192

참고문헌 … 202
색인 … 207

제 1장
사랑과 지혜의 삶

루미에 관한 주요 자료

　이슬람 역사에서도 우리가 잘 알지 못하는 인물들이 많다. 이렇게 보면 루미는 매우 예외이다. 왜냐하면, 우리는 루미의 생애에 대한 풍부한 자료들을 갖고 있기 때문이다. 루미 가족의 의미와 루미가 미친 영향 때문에, 루미의 생애와 사상에 대한 연구가 많이 이루어졌다. 그의 삶에 관해 얘기하기 전에 우리가 사용할 자료들을 간단히 언급하고자 한다. 위대한 모든 인물들에 대한 최고의 자료는 인물들 자신이 쓴 자료이다. 하지만 불행하게도, 루미는 자신에 대해 자신의 저작에서 거의 언급하지 않는다. 2차 자료를 제외한다면, 지금의 루미 연구자들이 활용할 수 있는 자료는 다음의 세 가지이며, 그 저자들과 자료의 이름은 다음과 같다.

1) 술탄 왈라드 Walad: **『왈라드나마**Waladnama**』,
　또는 『이브티다나마**Ibtdanama**』**

　술탄 왈라드는 루미의 아들이자 계승자로서 자신의 저작에서 자기 아버지에 대해 제한된 정보를 제공한다. 루미의 문체를 모방하여, 왈라드가 1291년에 쓴, 10,000개의 이행시로 이루어진, 『이브티다나마Ibtdanama』는 특별한 의미를 갖는다. 이 자료의 집필 목적은 루미와 루미 주변 사람들에 관해서이지만, 왈라드는 교훈적인 주제에 더 초점을 맞추었기 때문에, 루미의 삶에 관한 정보는 2차 정보에 그친다. 주어진 정보는 믿을 만하지만, 아주 간단하고 전체 저작에 흩어져 있기 때문에 연구자들이 활용하기는 매우 힘들다.

2) 파리둔 아흐메드 시파흐사라르Faridun b. Sipahsalar:
   『시파흐사라르의 리살라Risala』

리살라는 어려서부터 40년 동안 루미의 시중을 들었다. 리살라는 루미와 루미 주변 사람들에 대한 언급으로 이 자료를 시작하지만, 1312년 리살라가 죽은 다음, 리살라의 아들이 이 자료의 마지막 부분을 완성하였다. 이 자료는 루미의 삶 뿐 아니라, 루미의 아버지인 바하우띤 왈라드Bahauddin Walad로부터 시작에서 아주 중요한 인물인 울루 아리프 체레비Ulu Arif Chelebi와 아비드 체레비Abid Chelebi도 설명한다. 술탄 왈라드에 대해서는 평범하게 언급하고 있으며, 파리데띤 앗타르Farideddin Attar의 문체인 타즈키라툴 아윌리아Tazkiratul Awliya를 쓰면서 비유 이야기를 사용한다. 이런 측면에서 보면, 이 자료의 정보는 면밀히 다룰 필요가 있다.

3) 아프라키Aflaki: 『마나키불 아리핀Manaqibul Arifin』
   (현인들의 비유 이야기들)

루미에 대해서 가장 광범하고 잘 알려진 자료이다. 다른 자료의 저자들에 비해 훨씬 늦게 1291년에 콘야에 도착한 아프라키는 술탄 왈라드를 만났다고 전해진다. 왈라드를 만난 이후에 아프라키는 왈라드의 아들인 울루 아리프 체레비(1360년에 사망)의 제자가 되었다. 자신의 지도자sheikh의 요청에 따라 아프라키는 1318년 저술 작업을 시작했으며, 30년이 더 지난 1353년에 결국 작업을 마무리했다. 아프라키는 술탄 왈라드의 『이브티다나다』와 다른 저작들 뿐 아니라, 『시파흐사라르의 리살라』도 활용하고 있다. 이들 자료에다 아프라키는 루미 동료들의 언술들을 보태서 방대한 작품을 저술했다.

타흐신 야지지Tahsin Yazici는 아프라키의 완숙한 언어와 풍부한 정보 때문에, 아프라키의 저술이 왈라드와 리살라의 다른 두 저술보다도 더 성공적이라고 평가한다. 하지만 야지지 역시 아프라키의 저술에 오류나 과장이 많다고 비판한다. 따라서 야지지 저술의 상당 부분에 오류를 인정하지 않을 수밖에 없다. 실제로 이 세 저술에는 서로 맞지 않는 사실들이 있으며, 이런 점은 연구를 더욱 어렵게 만든다.

이상의 세 가지 자료들 이외에 근대의 다른 연구 업적들이 사용되기도 한다. 특히 터키 종교문제부(DIVA, Turkish Ministry of Religious Affairs)의 『이슬람 대사전 The Encyclopedia of Islam』과 푸루잔파르 Furuzunfar의 뛰어난 저작인 『메블라나 젤라레딘 Mawlana Jalaladdin』은 그 중에서도 특기할 만하다. 자료들을 광범하게 사용할 수 있지만, 이 책은 전문서적이 아니기 때문에 가능한 한 논쟁이 되는 내용은 피하고 현재 일반적으로 받아들여지는 사실들을 다루고자 한다.

루미의 초기 삶

발크

발크를 성화시켜라, 오, 그대 나그네들이여,
한 때는 최고의 잔들이 채워진 도시였다.

오늘날, 루미의 고향을 보려고 아프카니스탄 북부를 여행하는 사람은, 지금은 옛날보다 더 커 보이지만, 발크의 진흙 집들과 좁고 침침한 길들을 보고 아마도 큰 실망을 할 것이다. 여기저기에서 옛날 이슬람 학교 Madrasa와 무덤들의 흔적만을 볼 수 있는 이 황량한 도시가 한 때는 호라산 Khorasan의 가장 빛나는 도시였다고 사람들은 믿기 어려울 것이다. 방문자들은 이곳이 정말로 술탄 왈라드나 젤라레딘 루미와 같은 위대한 인물들을 배출한 지성적이고 종교적인 중심지였는지 의문을 가질 것이다. 이 도시의 지금 모습과 옛날 모습이 그야말로 극적으로 차이가 나는 점이 여행자들에게 충격을 가장 확실하게 준다. 역사적으로, 이 도시는 663년에 칼리프 무아위야 Muawiya에게 점령당한 이후, 다른 여러 왕조의 지배를 받았으며, 계속 발전해왔다. 루미가 태어났을 당시는 가장 발전했으며, "이슬람의 돔 Dome"이라는 별명을 얻을 정도로, 무역이 활발했고, 이슬람 학교들이 많았으며, 많은 학자들과 정신적 지도자들이 활약했다. 활발한 학문적인 활동에 힘입어 수피 Sufi의 분위기가 가장 지배적이었다. 위대한 수피 지도자인 이브라힘 아드함 Ibrahim Adham과 샤키크 알 발키 Shaqiq al-Balkhi 등이 바로 이 도시에서 살았다. 루미가 어렸을 때는, 쿠브라위 교단의 지도자인 나즈메딘 쿠브라(1145년 – 1221년)도 아직 살아 있었다.

하지만 재앙이 기다리고 있었다. 루미의 아버지인 바하 왈라드 Baha Walad와 가족이 이 도시를 떠난 이후, 동골의 침입이 있었으며, 모든 주민들이 칼에 죽었다. 파괴는 너무나도 심해서, 유명한 여행가인 이븐 바투타 Ibn Battuta가 거의 1세기 이후에 이 도시에 왔을 때도 폐허는 그대로였다. 이후에 차카타이, 우즈벡, 페르시아. 아프칸의 지배자들이 재건하려고 시도했지만 아직도 과거의 영광으로는 돌아가지 못하고 있다.

바하 왈라드

　루미의 아버지인 바하 왈라드의 가문은 여러 세대에 걸쳐 학자들을 배출하였다. 루미의 할아버지인 바하에띤 왈라드 *Bahaeddin Walad*도 존경받는 학자로서 "학자들의 술탄"으로 알려진 수피 지도자였다. 나중에 이 가문의 이야기를 쓴 시파흐사라르에 따르면, 할아버지는 나즈메띤 쿠르바의 제자였는데, 나즈메띤은 몽골의 침입 동안 발크를 떠나는 것을 거부하고 자신의 충실한 제자들과 함께 싸우고 마지막 숨을 거두었다고 한다. 나즈메띤은 아흐메드 알 가잘리 *Ahmed al-Ghazzali*로 거슬러 올라가는 쿠브라위 수피 교단의 위대한 지도자였다. 슈타르 *Shuttar* 교단의 한 지파인 쿠브라위 교단은 정신적인 성장을 이루어 신에 대한 황홀한 사랑을 통해서 하느님께 이끌려가는 방법을 제시하였다. 이러한 쿠브라위의 방법은 루미에게도 영향을 끼쳐서 루미의 사상에서도 그 자취를 찾을 수 있다.

　　루미 가족에 대한 아프라키의 정보가 대체로 과장되어 있다는 점을 지적할 필요가 있다. 아프라키는 루미의 할아버지가 모계 쪽으로, 크와라즘의 술탄인 알라띤 무함마드 *Alaeddin Muhammad*의 손자였다고 주장한다. 그러나 이런 사항은 다른 어떤 자료에도 언급되어 있지 않기 때문에 사실로 보다는 허구로 믿을 수밖에 없다. 루미의 아버지는 발크의 지배자였던 루크네띤 *Rukneddin*의 딸, 무미나 하툰 *Mumina Hatun*과 결혼했으며, 첫째 아들은 알라띤 무함마드 *Alaeddin Muhammad*, 둘째 아들은 무함마드 젤라레띤 *Muhammad Jalaladdin*, 또는 오늘날 우리가 알고 있는, 젤라레띤 루미 *Jalaladdin Rumi*이다. 다른 자료에서 루미는 메블라나 *Mawlana*라고 불리는데, 그 뜻은 "우리들의 선생님"이다.

루미가 대부분의 시간을 아나톨리아에서 보냈지만, 루미는 자신의 고향을 잊지 않았다. 자료에서 루미는, 자신이 발크를 포함하는 호라산 지역 출신이라고 자주 언급하고 있으며,

호라산 사람들에 대한 자신의 사랑을 드러내고 있다. 하지만 자신의 가문에 대해서는 언급을 하지는 않는다. 시파흐사라르와 아프라키도 루미의 아버지가 제1대 칼리프인 아부 바크르Abu Bakr후손이라고 지적한다.

루미의 가계

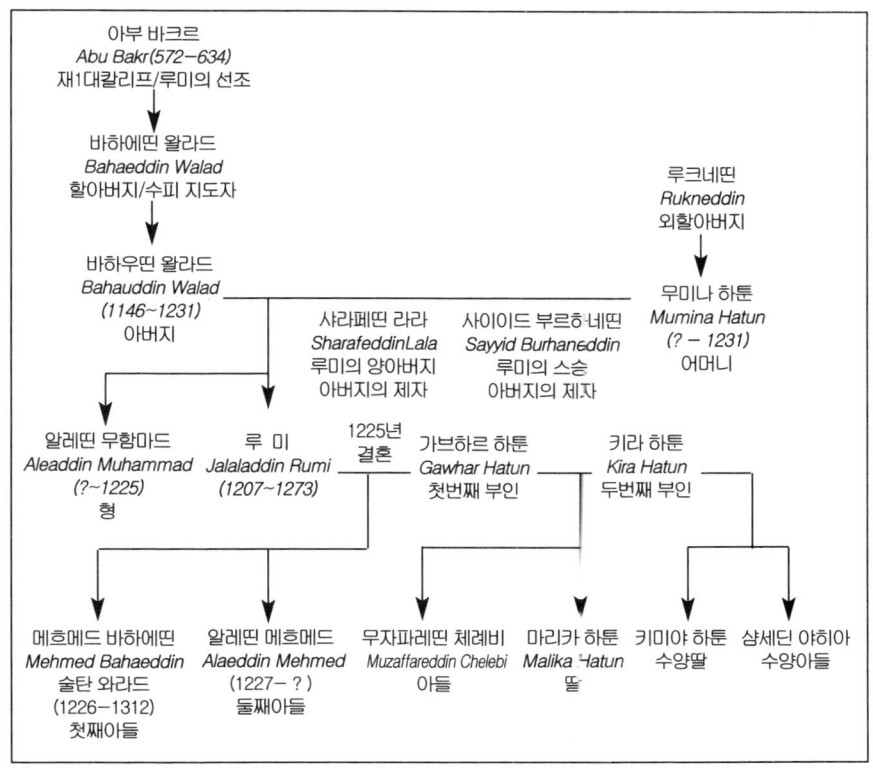

제 1장 사랑과 지혜의 삶 27

루미 출생의 시기

　루미는 1207년 9월 30일 태어났다고 보통 믿고 있다. 하지만 루미 자신의 『피히 마피흐』에서 사용하는 표현을 보면 이 사실에 의문이 간다. 루미는 크와라즘 사람들의 사마르칸트 점령을 설명하면서 자신이 알았던 어린 소녀가 "오, 신이시여, 저를 적들의 잔인한 손에 내버려두지 마세요"라고 기도했다고 기술한다. 이것을 근거로 해서, 윌 두란트Will Durant는 루미의 출생 연도를 1201년으로, 모리스 바레스Maurice Barres는 1203년으로 계산한다. 한편 자신이 1244년 샴스를 만났을 때 62살이었다는 루미의 『디와니 카비르Divani Kabir』에 있는 한편의 시를 근거로 하여, 괼프나를르Golpinarli는 루미가 1184년에 태어났다고 주장한다. 하지만 이런 주장을 헬무트 리터Helmut Ritter같은 연구자들은 믿을 만 한 것으로 받아들이지 않는다. 결국 잠정적으로 1207년이 루미 탄생의 해로 받아들여지며, 유네스코는 2007년을 루미 탄생 800주년으로 선포했다.

이주

　고상하고 교육을 받은 사람들의 주위에서 루미는 성장했다. 성장하면서 루미는 자신의 아버지인 바하 왈라드와 아버지의 보다 원숙한 제자들의 교육을 받았다. 당시의 전통에 따라서 아버지 제자 2명이 루미의 교육을 책임졌다. 한 명은 사마르칸트의 샤라페딘 랄라Sharafeddin Lala로서 나중에 루미의 양아버지가 된다. 다른 한 명은 아버지가 죽은 다음 루미의 첫 번째 선생이 되는 사이이드 부르하네딘Sayyid Burhaneddin이다. 가장 초기 자료들에서 루미의 어린 시절은 비유 이야기의 형태로 서술되어 있다. 예를 들면, 루미는 어렸을 때도 정신적인 대상들과 접촉을 가져서, 사이이드 부르하네띤과 함께 하늘에 올라갔다고 아프라키는 서술한다.

　루미가 행복했던 어린 시절에, 크와라즘 술탄과 루미 아버지의 긴밀한 관계가 긴장 상태에 접어드는데, 그 이유는 아버지의 수피 학교와 위대한 학자인 파흐레띤 라지*Fakhreddin Razi* 철학 학교의 경쟁 때문이었다. 처음에 술탄 알라띤은 수피 학교 편이었으나, 나중에는 라지에 대해 우호적이었다. 바그다드의 마즈네띤*Majneddin*은 뛰어난 수피로서, 라지의 주요 적대자였다. 술탄이 마즈네띤을 아무 다리아*Amu Darya* 강에 빠뜨려 죽였다는 사실은 당시의 논쟁이 얼마나 실제로 치열했는지를 보여준다. 바하 왈라드가 나중에 편집한 조언 모음집인 『마아리프*Maarif*』와 루미의 다른 저술에서도 철학가들, 특히 라지에 대한 비판이 자주 등장한다. 이러한 상황에서 바하 왈라드는 자기 가족들과 함께 서쪽으로 이주하기로 결정하는데, 대체적으로는 1212년에, 다른 견해에 따르면 1221년에 결정이 이루어졌다. 이 결정의 이유에 대해 의문을 갖는 것은 당연하다. 아프라키는 위에서 언급한 긴장 때문이라고 하면서, 바하 왈라드가 라지를 비판했기 때문에 라지를 따르는 술탄이 바하 왈라드를 추방했다고 주장한다. 시파흐사라르도 라지가 술탄을 부추겨서 왈라드를 공격했다고 주장하지만 이런 견해들은 분명히 잘못된 판단이다. 왜냐하면 바하 왈라드의 이주 이전 최소한 3년 전에 라지는 이미 죽었기 때문이다.

　이주 동안의 루미 나이가 다시 문제가 된다. 아프라키는 1212년을 이주 출발로 보면서 루미가 5살이나 6살이었다고 주장한다. 하지만 술판 왈라드는 당시에 루미가 14살이었다고 주장한다. 또한 술탄 왈라드는 위에서 언급한 긴장은 말하지 않고 할아버지가 발크 사람들의 공격을 받았기 때문에 서둘러 이루어졌으며, 헤자즈*Hejaz*로 가라는 정신적인 계시를 받았다고만 설명한다. 니콜슨Nicolson이나 리터Ritter는 가족이 발크를 떠난 것은 몽골 침입을 피하기 위해서였다고 본다. 실제로 역사 기록들을 보면 당시에 부유한 가족들은 발크를 떠나 자신들이 보다 안전한 땅으로 생각한 서쪽으로 이주했으며, 바그다드의 전세 값은 과도하게 몰려드는 사람들 때문에 아주 많이 올랐다고 한다.

이주의 여정

우리가 이미 언급한 바와 같이 발크로부터의 이주와 헤자즈로의 여행에 대한 술탄 왈라드, 시파흐사라르, 아프라키의 자료들은 상충된다. 따라서 연대를 따져보는 대신에 이들이 밟았던 길만을 제시해 보고자 한다. 자신의 가족과 제자들과 함께 여행했던 바하 왈라드는 머무는 모든 도시에서 대단한 관심의 대상으로 환대를 받았다. 발크를 떠난 후 첫 번째로 머문 나샤부르Nashabur에서 이들은 당시에 가장 유명했던 수피인 파리데띤 앗타르Farideddin Attar(1221년 사망)를 만났다. 바하 왈라드와 마찬가지로 앗타르도 나즈메띤 쿠브라의 가르침을 받았기 때문에 앗타르는 왈라드에 대해 특별한 관심을 가졌다. 하지만 이들이 서로 만난 후에 앗타르의 관심은 아버지보다는 아들에 쏠렸다. 나이든 지도자는 젊은 루미의 잠재 능력을 알아차렸으며 '아스라르나마Asrarnama' (신비의 책)로 제목을 붙인 자신의 책을 루미에게 주었다. 이 만남은 젊은 루미에게 지속적인 영향을 주었다. 자신의 유명한 『마스나위』에서 루미는 앗타르의 작품에서 상인이나 앵무새의 이야기들을 인용한다. 술탄 왈라드의 계산대로 이때 루미의 나이를 14살로 추정할 수 있는데, 왜냐하면 자신의 책을 읽을 능력이 없는 어린 아이보다는 젊은이에게 자신의 책을 앗타르가 주었다는 판단이 보다 그럴듯하기 때문이다.

이 대상caravan의 두 번째 기착지는 칼리파의 중심지인 바그다드였다. 외부 집단의 도착은 많은 관심을 끌었다. 보다 관심을 끈 것은, 어디로부터 와서 어디로 가느냐고 묻는 사람들에 대한 바하 왈라드의 "신으로부터 와서 신께로 다시 돌아갑니다"라는 대답이었다. 이 대답은 도시에 퍼졌고, 유명한 수피인 샤하베딘 수흐라와르디Shahabeddin Suhrawardi도 이 말을 한 사람을 알아보게 되었으며, "이런 말을 할 수 있는 사람은 바하 왈라드 밖에 없다"고 말했다. 그래서 수흐라와르디는 길을 떠나 바하 왈라드를 만나러 가서 바하 왈라드의 무릎에 입을 맞추었다. 이 대상은 순례를 완성할 생각을 했기 때문에 바그다드에서는 3일 만을 머물렀다. 바그다드를 떠나기 전에 호라산으로부터 온 여행객이 몽골 사람들이 발크를 침입했다는 나쁜 소식을 전해주었다.

호라산의 도시들은 1220년과 1221년에 몽골의 침입을 받았다고 알고 있으므로, 대상이 바그다드에 언제 있었는지를 확인할 수 있다. 헤라즈로부터 언제 돌아왔는지에 대한 설명은 엇갈리지만, 한 가지 분명한 것은 헤라즈로부터 돌아 올 때 첫 번째 기착지는 다마스쿠스Damascus였다는 사실이다. 또한 바하 왈라드는 다마스쿠스에서 쓸데없이 많은 시간을 보내지 않았던 것 같다. 아프라키에 따르면, 바하 왈라드는 말라티아Malatya와 시바Siva를 거쳐 멘구제크Mengucek의 술탄인 파흐레딘 바흐람샤Fakhreddin Bahramsha가 지배하고 있었던 에르진잔Erzincan으로 이동했다. 여기에 잠시 머문 다음, 바하 왈라드는 말라티아로 갔고 그 다음에 라렌드Larende(카라만Karaman)으로 갔다. 카라만의 셀주크 통치자인 아미르 무사Amir

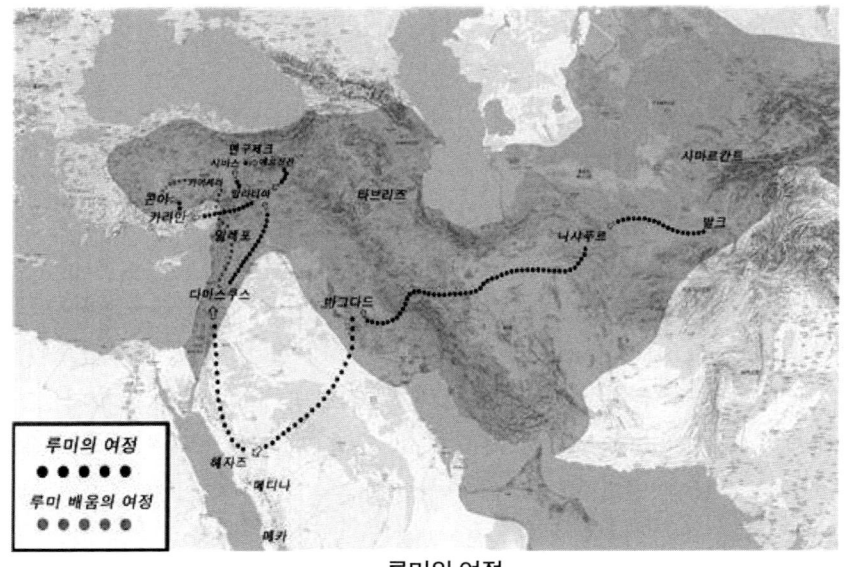
루미의 여정

*Musa*는 적절한 존경의 마음으로 바하 왈라드를 환영했고, 이 유명한 손님을 위해서 이슬람 학교를 지어주었으며, 바하 왈라드는 내내 이 이슬람 학교에 머물렀다. 다른 기착지들에 비해 훨씬 더 오랜 기간인 7년 동안(아프라키에 따르면) 이들의 라렌드 체류는 루미의 삶에서 중요하다.

1225년 루미는 자기 스승의 딸인 가브하르 하툰*Gawhar Hatun*과 결혼했다. 같은 해애 루미의 가족에게는 두 가지 불행이 있었다. 루미의 어머니인 무미나 하툰*Mumina Hatun*과 형인 무함마드 알라딘이 잇따라 죽었다. 이어 두 가지 행복한 일이 생겼는데, 결혼 후 1년 뒤에 루미의 첫째 아들인 메흐메드 바하띤*Mehmed Bahaeddin*이 태어났으며, 이 아들은 나중에 술탄 왈라드로 우리에게 통한다. 또한 그 다음 해에 둘째 아들인 알라띤 메흐메드*Alaeddin Mehmed*가 태어났다. 가브하르 하툰과의 결혼 생활은 몇 년 동안만 지속되었다. 가브하르 하툰이 죽고 난 다음, 루미는 콘야에서 두 번째로 결혼을 한다. 두 번째 부인으로부터는 카라Karra와 키라Kira라는 이름의 두 자녀를 더 두었다. 한 명은 아들로서 이름이 무자파레띤 아미르 알림 체레비Muzaffareddin Amir Alim Chelebi이며, 다른 한 명은 루미의 유일한 딸인 말리카 하툰Malika Hatun이다. 타흐신 야지wmTahsin Yazici는 루미의 두 번째 부인이 그리스 여자라고 믿고 있다. 또한 루미는 두 번째 부인의 아들인 샴세띤 야히야Shamseddin Yahya을 양자로 두었는데, 어려서 죽었다.

루미의 가족 상황

라렌드에서 보낸 시간으로 돌아가 보자. 여기에서 왈라드의 명성은 널리 퍼졌으며, 셀주크의 수도인 콘야까지 알려졌다. 몽고 침략 이전 셀주크는 번영의 마지막 단계에 있었으며, 알레띤 카이쿠바트 Aleaddin Kaykubat는 1219년 이래 콘야에서 셀주크의 왕권을 차지하고 있었다. 술탄은 나라의 영토를 계속 넓히고 있었으며 다가오는 위험인 몽골의 침략에도 조심스럽게 대비하고 있었다. 술탄은 지도력에서 뛰어났을 뿐 아니라, 예술을 좋아하고 학자들에 대해 깊은 관심을 가졌다. 따라서 그의 예의 바른 행동 때문에 많은 학자들과 지도자들이 콘야에 모이게 되었다. 아프라키에 따르면, 알레띤 카이쿠바트는 바하 왈라드 같이 훌륭한 사람을 라렌드에 붙잡아 놓고 있으냐고 아미르 무사에게 항의했으며 바하 왈라드를 콘야로 초청했다고 한다. 하지만 아프라키의 이런 이야기는 술탄이 어떻게 바하 왈라드를 만나고 받아들였는지에 대한 과장된 내용이다. 아프라키조차도 술탄은 바하 왈라드에게 왕관을 물려줄 준비가 되어 있었다고 말한다. 한편 술탄 왈라드는 자기 할아버지의 콘야 도착에 대해서는 어떤 언급도 하지 않는다.

바하 왈라드는 생애의 마지막 2년을 콘야에서 설교와 상담으로 보냈다. 그는 이슬람 학교에서의 강의와 모스크에서의 설교를 통해 술탄과 사람들의 마음을 사로잡았다. 바하 왈라드 추종자의 한 사람인 아미르 바드레띤 가와르타쉬*Amir Badreddin Gawhartash*는 바하 왈라드와 그 가족을 위해서 이슬람 학교를 지었다.

이 나이든 지도자가 1231년 85세로 죽었을 때, 두 가지 의미 있는 기여를 남겨 놓았다. 하나는 자신의 책인 『마아리프*Maarif*』로서 이야기와 설교 모음집이며, 다른 하나는 자신의 아들인 루미이다. 이 책은 나중에 수피들 사이에서는 아주 유명해졌으며, 왈라드의 외적이고 내적인 수련의 원숙함을 보여준다. 이 책에서 파흐레띤 라지나 크와라즘의 술탄에 대해 자주 언급하고 있는 것을 보면, 이 책의 대부분의 이야기들이 발크를 떠나기 이전에 쓰여졌음을 알 수 있다. 수피즘의 진리들에 대해 우아하고 유일하게 운문으로 된 작품이라고 푸룬자파르가 평가하고 있는 마아리프는 오랫동안 루미의 관심을 끌었다. 『마하리프』와 『마스나위』의 비슷한 문체, 순구르*Sungur*라는 이름의 노예와 기도하러 가는 그 주인에 대한 비유 이야기 등 공통된 비유 이야기들을 보면 루미가 자기 아버지로부터 받은 영향을 잘 보여준다. 하지만 의문의 여지없이, 바하 왈라드가 우리에게 남긴 최대의 보물은 그의 아들이다. 사실 바하 왈라드의 이름이 오늘날 우리에게 알려지고 있는 것은 루미 덕분이라고 말할 수도 있을 것이다.

아프라키에 따르면, 아버지가 돌아가셨을 때, 루미는 24 살이었다. 우리는 루미의 나머지 인생을 샴스 이전과 샴스 이후, 두 시기로 대충 나눌 수 있다. 이 두 시기는 이성의 시기와 사랑의 시기로 부를 수도 있다. 그러나 분명한 것은 루미의 내적인 추구는 그의 일생 전 기간에 걸쳐 지속되었다는 점이다. 그래도 1231년부터 1244년까지 루미가 샴스를 만난 기간에도 루미는 기본적으로, 진리를 품에 안으려는 학자나 금욕생활자로 평가되었다. 이런 길에서 루미의 스승은 어렸을 때 발크에서 자신을 가르쳤던, 아버지의 제자 사이드 부르하네띤 무하키크 알 티르미디 Sayyid Burhaneddin Muhaqqiq al-Tirmidhi 일 것이다. 실제로 부르하네띤은 자신의 지도자인 바하 왈라드를 보러 콘야까지 왔다. 지도자의 죽음을 알게 된 부르하네띤은 스승 아들의 정신적 가이드로서 콘야에 머물기로 결정하였다. 그의 목적은 돌아가신 아버지처럼 아들 루미를 내적이고 외적인 수련 측면에서 완벽한 사람으로 만들기 위해 루미를 돕는 일이었다. 이들의 관계는 9년 동안 지속되었지만, 항상 같이 있지는 않았다. 서로 만난 지 1년 후에 부르하네띤은 보다 깊은 정신세계를 체험시키기 위해 루미를 알레포 Aleppo 와 다마스쿠스로 보냈다. 1233년에 이루어졌다고 평가되는 이 여행 기간 동안 부르네하딘은 콘야에서 카이세리 Kayseri 까지 루미와 동행했으며, 돌아오지 않고 머물렀다. 알레포에서 루미는, 할라위야 Hallawiya 학교에서, 당시에 도시의 통치자이기도 했던, 케말레띤 이븐 알 아딤 Kamaleddin Ibn al-Adim 으로부터 강의를 들었다. 루미가 알레포에 얼마나 오래 머물렀는지는 확실하지 않다. 배움의 여정에서 두 번째로 머문 곳은 다마스쿠스였다. 당시에 가장 중요한 문화 중심지였던 이 도시는 루미의 진전과 중요한 관계를 분명히 갖는다. 다마스쿠스에서의 4년 동안 루미는 아랍 문학, 어휘에 대한 지식, 이슬람 법학, 『꾸란』 해설, 무함마드의 전통

등, 당시의 모든 주요 과목들을 통해 자신의 교육을 완성시켰다. 동시에 그는 당시에 다마스쿠스에 있었던 위대한 수피 지도자들인 무히띤 이븐 알 아라비*Muhyiddin ibn al-Arabi*, 사아데띤 함무야 *Saadeddin Hammuya*, 오스만 알 루미*Uthman al-Rumi*, 아와두띤 키르마니*Awhaduddin Kirmani* 그리고 사드레디딘 코네위*Sadredidin Konevi* 등을 모두 만날 수 있었다.

카이세리에 돌아 왔을 때, 루미는 자신에게 필요한 공부를 다 마쳤다. 오직 한 가지 남은 일은 금욕 수행을 위한 은둔이었다. 그의 스승인 부르네하띤은 루미를 40일 간을 세 번 연속으로 금욕을 위한 은둔을 하게 했다. 이 기간 동안 루미는 거의 먹지도 않고 자지도 않았다. 결국 루미는 정화된 마음과 신적인 비밀을 깨달은 마음을 가지고 바깥세상으로 돌아 왔다. 스승은 결과에 만족하면서, 루미에게 "오라, 걸어 나가라, 사람들에게 신선한 정신을 가져다주어라. 그들에게 하느님의 자비가 넘치게 하라. 그들의 마음을 사랑으로 되살려라"라고 말했다. 부르네하띤은 콘야까지 제자와 함께 왔으나 콘야에 머무르려고 하지 않았다. 사람들이 스승에게 왜 머무르려고 하지 않느냐고 묻자, 루미는 다음과 같은 대답을 들었다. "타브리즈를 떠난 사자가 이리로 오고 있다. 나는 또 다른 사자이다. 두 마리의 사자는 한 곳에 살지 않는다. 그래서 나는 지금 가야 한다."

부르하네띤은 카이세리로 돌아간 직후인 1241년에 죽었다. 오늘날에도 사람들은 그의 무덤을 많이 방문한다. 1241년 이제 중년이 된 루미는 원숙한 선생님으로 이슬람 학교에 있는 자기 자리로 돌아갔다. 부르하네띤으로부터 지도자가 되어 정신적 가이드로 봉사를 하라는 허락을 받았으나, 루미는 여전히 학자처럼 복장을 하고 행동을 했다. 루미 학생들의 수는 나날이 늘어났다. 바하리 바이투르*M.*

*Bahari Baytur*가 지적하듯이, 루미는 자신 속에 신적인 사랑을 갖고 있었으나, 이 사랑은 자신의 경건함 속에 감추어져 있었다. 나중에 이 경건함은 사랑 속에 감추어 질 것이다. 이렇게 조용하고 일상적인 생활은 타브리즈에서 온 샴스를 만나는 1244년까지 계속되었다. 샴스는 루미의 머리에서 학자의 터번을 불어 날리는 바람이었으며, 조용한 학자를 정열적으로 신을 사랑하는 사람으로 바꾸어 놓았다.

샴스와의 만남 이후

샴스는 자신의 거의 모든 생애를 여행으로 보내면서 아주 많은 나라들을 다녔기 때문에 "날아다니는 사람"으로 불렸다. 초라한 수도자*dervish*처럼 보였어도 실제로는 학식이 많은 사람이었다. 그의 설교 모음집인 『마칼라트*Maqalat*』를 보면, 그가 『꾸란』 해설이나 무함마드의 전통 등 이슬람 연구에 기본적인 지식들에 정통함을 알 수 있다. 받아 적은 강의록에서 옮겨 적은 내용들 때문에 내용들이 일정하지는 않지만, 푸루잔파르는 그의 작품을 언어 측면에서 페르시아 운문 문학의 최고 작품으로 평가한다.

샴스는 지도자인 아부 바크르 알 살라바프*Abu Bakr al-Salabaf*를 위해 일했고 다른 많은 수피들도 만났으나, 아부 바크르나 다른 어느 누구도 지식에 대한 자신의 갈증을 해결해주지 못했다. 그는 오직 신만을 두려워하는 사람이었으며, 직설적으로 말하고 다른 어느 누구도 쉽게 인정하지 않았다. 간단히 말해 그는 열정적이고 열광적인 수피였다. 다마스쿠스에서 그는 아와두띤 키르마니를 비난했으며, 이븐 알 아라비는 샴스를 신임하지 않았다. 이 때 샴스는 이미 60세였으나 그의 추구는 계속되었다. 사람들은 샴스가 "무얼 계속

찾느냐?"고 물을 수 있었다. 하지만 샴스는 자기 자신 안에 있는 불길을 더 타오르게 할 수 있는 불길, 목마른 자기 영혼의 갈증을 해소해 줄 소금기 있는 바다를 계속 찾고 있었다. 이러한 갈망 속에서 그는 전능하신 신에게 간절히 원하면서, "오, 신이시여, 당신의 사랑에 취한 사람을 저에게 보여 주소서"라고 기도하였다. 결국 그는 계시를 받았음에 틀림이 없으며, 결국 새로운 희망을 가지고 아나톨리아로 왔다.

샴스는 자신의 추구에서 극단적인 갈증을 느꼈으나, 자신이 찾는 사람 역시 그런 추구자를 필요로 하고 있었다. 어떤 곳에서 루미는 이런 상황을 다음과 같은 이행시로 표현하고 있다.

목마른 탄식으로 달콤한 물을 찾지만
"목마른 사람은 어디 있냐"고 물은 외치지.

『마스나위』의 또 다른 이행시에서도 같은 상황을 말한다.

사랑을 하고 있는 모든 사람들은 누구나, 동시에 사랑을 받고 있는 사람들이지
목마른 사람이 물을 찾지만, 물 또한 그들을 사랑하고 있다네

아프라키에 따르면, 이러한 분위기 속에서 샴스는 1244년 11월 29일 콘야에 도착했다. 샴스와 루미가 처음에 어떻게 만났고 무슨 말을 했는지에 대해서 기록들은 상충된다. 여기서는 시파흐사라르와 다른 자료들을 결합하여 이들의 첫 만남을 재구성해보기로 하자.

루미는 이슬람 학교를 떠나 학생들에 둘러싸여 서로 얘기하면서

루미와 샴스와의 만남-상상도

노새를 타고 가고 있었다. 그리고는 갑자기 길에서 샴스를 만났다.

샴스는 루미를 멈추게 하고 충격적인 질문을 던졌다.

- "예언자 무함마드와 베이예지드 알 비스타미 가운데 누가 더 훌륭하오?"

루미가 대답하였다.

- "어떻게 그런 질문을 할 수 있습니까? 평화와 축복을 받은, 신의 메신저인 무함마드와 베이예지드를 어떻게 비교할 수 있습니까?"

샴스는 계속 질문하였다.

- "그러면 신의 메신저는 '오, 신이시여, 저희가 당신께서 인정받으실 자격이 있는 만큼 당신을 이제까지 인정하지 못했습니다'라고 말했고 하루에도 70번씩 신에게 용서를 빌었고, 반면

제 1장 사랑과 지혜의 삶

베이예지드는 '나에게 영광 있으라. 나는 얼마나 고귀 한가' 라고 말한 이유를 설명해보시오"

이에 루미는 대답하였다.
"그 대답은 이렇습니다. 베이예지드의 갈증은 한 방울의 물로도 풀릴 만큼 크지 않았습니다. 그가 도달한 정신의 첫 번째 단계에서 자신의 물 컵은 이미 채워졌고, 그 상태에 취해서 그런 말을 한 겁니다. 하지만 매일 정신적으로 계속해서 70 단계를 오르는 고귀하신 예언자는 자신이 도달하는 매번 새로운 단계에서 자신이 왔던 이전 단계가 얼마나 작은 지를 볼 수 있었기 때문에 이전 단계에 만족한 데 대해 용서를 구한 것입니다. 이것이 바로 이유입니다"

이 말을 듣자 샴스는 소리를 지르며 현기증을 느꼈다. 루미는 샴스의 팔을 붙잡고 샴스를 자신의 이슬람 학교로 모시고 갔다. 이 만남은 두 사람 모두에게 커다란 충격을 준 것처럼 보인다. 루미가 다음과 같이 표현할 때, 루미는 이 만남과 샴스의 날카로운 모습의 의미를 묘사하고 있는 것은 아닐까?

새벽 하늘에 달이 나타났네
그 분은 하늘에서 내려와 나를 쳐다보네
먹이를 사냥하는 매처럼
그리고 나를 하늘로 채 가네

이와 같이 이들의 친교는 시작되었다. 지도자와 초심자의 전통적인 관계와는 달리, 루미와 샴스는 서로에게 정신적인 스승이 되었다. 술탄 왈라드는 자기 아버지와 샴스와의 친교를 예언자 모세와 키디르Khidre의 친교와 비교한다. 모세가 예언자였지만 키드르를 찾은 것처럼, 루미는 당대에 가장 위대한 학자였지만 샴스를 찾았다. 키드르가 모세에게 한 것처럼, 샴스도 여러 가지 방법으로 새로운 친구를 시험한 것 같다. 샴스는 한계를 넘어서려고 노력하는 기이한 수도자처럼 보이며, 자신을 있는 그대로 받아들이는 건전한 이해력을 가진 사람을 찾고 있었다. 실제로 그는 이슬람의 핵심적인 진리들에 대해 확고한 신념을 갖고 있었는데, 그 내용은 『마칼라트』에 "후사이리Khusayri의 『리살라트Risalat』같이 가장 값진 책이라도 나는 무함마드의 아주 간단한 한 말씀과도 바꾸지 않을 것이다"이다.

폐허 속에서라도 보물을 찾으라는 말이 있다. 루미도 자신의 날카로운 통찰력으로 샴스의 영혼을 파고들었으며, 폐허와 같은 외모 안에서 빛나는 광석을 발견했다. 결국 루미는 샴스와의 친교를 통해 자신에게 주어진 모든 시험을 성공적으로 통과했으며, 샴스와의 친교가 아주 비싼 값을 치루었지만, 루미는 샴스의 친구가 되었다. 이 세상을 저버린 이 사람에 도달하기 위해서 그리고 이 사람과 함께 하늘을 높이 날기 위해서, 루미는 자신이 가졌던 모든 것들, "내 것"이라고 생각했던 모든 것들을 버려야만 했다. 당시까지 어느 누구도 이런 대가 치룰 수 없었지만, 루미만은 예외였다. 루미는 당대에서 유일한 학자였으며, 자신의 지식, 직업, 그리고 명예, 한마디로 자신이 가졌던 모든 것을 대신 샴스를 얻기 의해 샴스 앞에 내려놓았다. 이러한 친교가 루미에게 무엇을 가져왔는가? 샴스에게는 무슨 효용이 있었는가? 괼프나를르의 다음과 같은 표현이 상황을 잘 요약해준다. "샴스가 오지 않았더라면, 루미는 아마도 지금의 자신이 되지 못했을 것이다. 루미는 수많은 다른 수피들처럼 평범한 지도자로 남았을 것이다. 반면 샴스도 루미를 만나지 않았더라면, 그의 이름은 기억되지 않았을 것이다. 루미는 자신이 경험할 수 있는 열정의 최고 단계에 이미 도달했다. 루미는 불을 밝히기 위해 준비된 등잔과 같았다. 루미가 필요한 것은 불꽃이었다. 샴스가 한 것은 실제로 불꽃의 역할이었다. 루미가 눈부신 불빛을 내며 타오르기 시작했을 때, 샴스는 루미의 주위에서 나방이 되었으며, 자신의 생명을 바친 다음, 루미의 불빛 속으로 사라졌다."

결국 두 사람은 불쏘시개와 부싯돌같이 자신들이 찾고 있었던 것을 발견하였다. 루미는 계속해서 샴스와 시간을 보냈다. 루미는 이슬람 학교에서 강의를 생각하지도 않았으며, 학생들도 루미를 찾지 않았다. 루미의 온 세계는 샴스, 그것도 샴스 뿐이었다. 완성의 나이와 단계에서 루미는 모든 것을 제쳐두고 자신의 새로운 스승 앞에 무릎을 꿇었다. 그리고 이 이슬람 학교의 이름은 신적인 사랑의 학교였다.

이전에 루미가 아버지의 『디완Divan』을 계속 읽었을 때, 루미는 앗타르의 『마스나위』로부터 영감을 받았다. 이 책들은 다른 사람들에게는 읽혀지는 책들, 말씀들이었다. 샴스는 자신 앞에 화산의 잠재력을 보았으며, 다른 사람들의 작품과 말씀들을 말하면서 시간을 낭비하는 것을 참고 볼 수 없었다. 다른 사람들이 이미 말한 것은 어떤 것이나 루미가 더 잘 표현하고 훨씬 더 잘 말하는 것을 샴스는 알 수 있었다. 루미는 자신의 마음에 돌아와 자신의 영혼 속에 영감으로 나타난 지혜에 대한 신적인 목소리를 듣는 것을 필요로 할 뿐이었다. 결국 샴스가 루미를 도와서 하게 한 것은 다음과 같다.

당신은 가슴 속의 밝은 빛에만 매달려야 하네
헛된 애기들은 이 꼬여있고 조여있는 비밀을 풀 수 없네,
당신에게 아무 소용없지, 산 속의 강들은.
반면 집에는, 흐르는 샘물을 갖고 있네.

이 두 친구들은 서로의 내부에 있는 파라다이스를 바라보면서 환각의 시간을 가질 때는 얼어붙어 있었으나, 바깥 생활에서는 다른 사람들을 위해 시간을 보냈다. 루미를 사랑의 후광처럼 둘러싼 루미의 옛 친구들이나 학생들에게는 정말로 나쁜 상황이 찾아왔으며, 이들은 샴스를 반대하게 되었다. 이 초대 받지 않은 손님은 하늘에서 내려온 화살처럼, 자신들과 루미 사이에 갑자기 찾아왔다. "샴스"가 "태양"을 의미하지만, 이들은 샴스를 태양을 가려 그늘을 만드는 구름으로 보았다. 그리고 루미는 거의 밖으로 나오지 않았다. 루미는 아무도 보지 않고, 오직 샴스 만을 보았으며, 다음의 사례에서 보여주듯이 사회의 규칙을 어겨가면서까지 이 새로운 친구에게 충실하였다.

루미를 흠모하였던 젤라레딘 카라타이*Jalaladdin Karatay*는 이슬람 학교를 지어서 훌륭한 모든 학자들을 초대하였다. 학자가 아닌 샴스는 평범한 사람들과 함께 제일 낮은 자리를 배정받았다. 그리고는 사람들이 루미에게 어떤 자리가 제일 좋은 자리인지를 물었다. 루미는 다음과 같이 대답하였다. "그것은 이렇다. 학자들은 중간 자리, 현인들은 구석자리, 그리고 사랑하는 사람들은 사랑을 받는 사람의 바로 옆 자리가 좋다." 이렇게 말한 다음, 루미는 발을 뻗어 샴스에게 의자를 밀어 주었다. 이 사건만이 친구들의 질투와 분노를 사게 하지는 않았다. 루미는 이전에는 보기 힘들었던 이상한 행동들

을 했다. 이전에 품위 있는 학자는 3일에 한 번 식사를 하고 아침이 지나갈 때까지 기도를 하였으나, 지금은 이 정열적인 수도자가 있게 되었다. 이전에 루미는 사마sama나 음악에 대해서는 전혀 지식이 없었으나, 이제는 황홀경에 빠져 손뼉을 치기도 하고, 가슴을 울리는 플루트ney 소리에 맞추어 빙글빙글 춤을 추고, 수피 바이올린 rabab 소리에 펄쩍펄쩍 뛰기도 하였다. 샴스가 콘야에 머물면 머물수록 사람들의 반감은 커졌으며, 오래지 않아 참을 수 없는 단계에 이르렀다. 더욱이 샴스가 하는 말들 가운데 오해를 사는 부분도 있었다. 왜냐하면 사람들은 어떤 정신적인 수준이나 건전한 판단을 필요로 했기 때문이었다. 이들은 화염에다 불을 지르는 식이었다. 루미도 틀림없이 이런 일들을 알고 있었다. 어느 날 루미가 학생들과 함께 걷고 있었을 때, 뼈다귀를 가지고 으르렁거리는 개와 강아지들을 보았다. 루미는 갑자기 멈춰 서서 말하였다. "저 모습이 우리가 처한 상황을 잘 설명해주는구나. 강아지들이 자기들만 먹으려고 하면 강아지들은 죽게 된다. 어미가 먼저 먹어야 젖을 만들어서 어린 것들을 먹여 살린다. 샴스의 말들은 이 뼈다귀와 같으니 너희들이 먼저 집어삼켜서는 안 된다. 내가 너희들을 위해 먼저 먹고, 나중에 너희들에게 먹여 줄 것이다. 그러니 그의 말을 듣지 말고 내 말을 들어라."

한편 루미의 학생들은 루미를 위해서 자신들이 받는 모욕을 참으면서 샴스를 받아들였다. 하지만 결국, "날아다니는 사람"인 샴스는 갑자기, 온지 16개월 만에 사라졌다. 샴스가 떠난 것을 보고 기뻐했던 사람들은 곧 자신들의 실수를 깨달았다. 이러한 이별로 루미 안에 있는 샴스의 불길은 더욱 타 올랐으나, 상황은 더욱 나빠졌다. 루미는 이런 이별을 가져오게 한 사람들에 대해 가슴 아파하고 비통해

했으며, 이들을 멀리 했다. 샴스가 다마스쿠스에 있다는 소식을 들은 루미는 샴스가 콘야로 돌아오기를 간청하는, 간곡한 마음으로 가득한 편지를 연속으로 네 번 보냈다.

"오 우리 가슴의 빛이시여! 오 우리 희망의 희망이시여! 오 우리가 삶을 맡기는 유일한 분이시여! 제발 이 이별을 길게 하지 마세요! 제발 돌아오세요!" 결국 간청은 효과를 보아, 샴스는 자신을 모시러 간 술탄 왈라드와 함께 콘야로 돌아오는 여정을 떠났다. 루미는 샴스가 콘야로 오는 여정에 있을 때 다음과 같은 글을 썼음에 틀림없다.

길 위에 물을 뿌려라,
뜰에 기쁨을 주는 물을.
봄날의 향기가 오네,
그 분이 오시네, 바로 "그 분"이.
우리에게 빛을 주시는, 사랑스러운 분이 오시네.
그 분을 모셔라, 길을 열어 드려라, 모두 흩어져라.
모두들 옆으로 비켜서라!
그 분의 얼굴은 빛이 나고, 너무도 순수하네,
그 분의 발길은 모든 곳을 비추네,
그 분이 오시네, 바로 "그 분"이.

한편 한 달이 걸린 여정에서 샴스와 술탄 왈라드의 친교는 두터워졌다. 자기 말의 고삐를 쥐고 걸어서 여행을 한 이 존경할 만한 젊은 이를 샴스는 사랑했으며, 자신의 정신적인 비밀들을 알려주었다. 샴스가 이렇게 자리를 비운 기간은 거의 15개월 동안 계속되었다. 다음의 내용은 샴스와 다시 만났을 때 루미 자신의 기쁨을 표현한다.

그 분이 오셨네, 오 친구들아!
나의 달, 나의 태양이 오셨네!
은빛의 모습, 금빛의 피부!
나의 눈, 나의 귀, 나의 영혼이 오셨네!
나는 취했네,
나는 오늘 어지러워.
하늘거리는 버드나무가 오셨네!

학생들이 저지른 실수를 용서하기 위해 루미는 먼저 샴스로부터 용서를 받도록 했다. 잘못한 학생들은 용서를 받았고 어두워졌던 루미의 얼굴에는 다시 미소가 흘렀다. 모든 것이 좋아진 것처럼 보였다. 하지만 이런 외형적인 모습이 전부는 아니었다. 루미의 이상한 행동은 다시 시작되었다. 루미의 행동 뿐 아니라 의상도 바뀌었다. 학자의 의복과 터번을 벗어버리고 나무로 만든 모자를 쓰고 단순한 히르카*Hirqa*(수도자 외투)를 입었다. 샴스는 루미를 계속해서 세마를 하도록 부추겼다. 콘야 사람들이 세마에 대해서는 다소 익숙했었고 이맘인 가잘리를 포함하여 수피들 사이에서는 논쟁의 대상이었다. 그러나 가장 위대한 학자가 네이와 라밥의 음악에 맞추어 자신들의 도시 안에서 돌면서 춤을 추는 것은 쉽게 받아들일 수 없었다. 하지만 세마는 루미에게 다른 의미를 가지고 있었다. 특히 네이는 신이 인간의 주인임을 인간이 고백하는 칼루 발라*Qalu Bala*의 비밀을 루미의 귀에 실제로 속삭여주었다.

세상의 숨겨진 비밀을 말해주는,
흐느껴 우는 네이, 그 네이!

루미는 자신이 잃어버린 시간을 만회하고 있었다. 루미는 이슬람 학교에서 샴스와 대화를 나누었으며, 6개월 동안 세상을 거의 잊었다. 오직 술탄 왈라드와 살라하딘 자르쿠비Sa'ahaddin Zarqubi 만이 이들 곁에 갈 수 있었다. 아프라키의 언급을 우리가 믿는다면, 초자연적인 일들도 일어났다. 어느 날 루미의 부인인 키라 하툰은 방안에, 어디선가 홀연히 6명의 인도사람이 루미와 샴스 곁에 나타난 것을 보고 깜짝 놀랐다. 나중에 루미는 이 사람들이 가지고 왔다는 꽃다발을 부인에게 주면서 아무에게도 말하지 말라고 당부하였다. 어떤 이행시에서 루미는 자신이 샴스와 있을 때 어떻게 모든 사람들로부터 떨어져 있게 되는 지를 표현한다.

　　나는 너를 내 영혼처럼 가져가지,
　　너를 위해 내 주위의 모든 사람들에게 등을 돌리지.

　　한편, 『마칼라트』에서 샴스는 루미가 자신에게 어떤 의미인지를 표현한다.

　　나는 필요로 하는 사람이다,
　　그러나 루미는 필요로 하는 사람의 필요가 되었다.

　　이 두 영혼은 신에 대한 사랑으로 함께 불타고 있었다. 그러는 동안 샴스는 루미의 수양딸인 키미야 하툰과 결혼을 했다. 이 결혼은 루미의 요구에 따라 이루어졌으며, 아마도 샴스의 콘야 체류를 확실하게 하기 위해서였을 것이다.
　　하지만 루미가 오랫동안 나타나지 않고 키미야 하툰이 일찍 죽자 샴스에 대한 적개심은 다시 일어났다. 어떤 자료에 따르면, 루미의 더 어린 아들인 알라띤 체레비도 적대자들 중의 한 사람이었다고 하는데, 알라띤은 자기 아버지에 대해 샴스가 영향을 미치는 것을 싫어했는데, 샴스가 키미야 하툰과 결혼하자 더욱 화가 났다고 한다. 아프라키는 이 적개심에 대해 폭 넓게 얘기하지만, 믿기는 어렵다. 한편 『마칼라트』에 나타나 있는 샴스의 알라띤에 대한 질책은 두 사람 사이에 불화가 있었음을 증명해준다. 이브티다나마에 따르면, 샴스는 자신이 마지막으로 떠나기 전 술탄 왈라드와 자신의 비밀을 어느 정도 나눈 것으로 이해된다. 이 자료를 보면, 샴스는 자신을 루미로부터 분리시키려는 사람들에 대한 불만을 술탄 왈라드에게 털어놓고 있으며, 이번에 자신이 사라지면 어느 누구도 자기를 찾지 못할 것이라고 말했다. 1247년 그의 두 번째 실종은 아직도 풀리지 않는 미스터리로 남아 있다. 아프라키는 샴스가 살육되었다고 본다. 샴스가 루미와 얘기하고 있을 때 7명의 무리가 방 근처에 다가와 샴스를 밖으로 불러내었으며, 샴스는 나오기 전에, 루미에게 "저들이 나를 죽이려고 불러내는군"이라고 말했고, 샴스는 고함을 지른 후에 사라졌다고 한다. 뒤따라 간 사람들은 몇 방울의 피만 발견했다고 한다. 아프라키는 루미의 아들인 알라띤이 이 살인자들 중의 한 사람이라고 주장한다. 아프라키는 이어서 시체가 우물 안에 버려졌는데, 술탄 왈라드는 꿈에서 이것을 본 다음 시체를 꺼내어 가와르타쉬 *Gawhartash* 학교 근처에 묻었다고 말한다. 그러나 술탄 왈라드의 언급은 아프라키 언급의 신빙성에 의문을 제기한다. 왜냐하면, 술탄 왈라드가 전하는 바에 따르면, 샴스는 "이번에 나는 내가 어디 있는 지를 아무도 모르는 그런 방법으로 가버릴 꺼야. 사람들은 '아마도 누군가가 샴스를 죽였겠지'라고 말할꺼야"라고 말했다. 루미는 샴스의 살해에 대한 이야기를 틀림없이 들었을 것이다. 어떤 시에서 루미는 이런 소문에 대해 불만을 나타낸다.

> 영원히 살아있는 사람이 죽었다고 누가 말했는가?
> 희망의 태양이 죽었다고 누가 말했는가?
> 이 희망의 적이 지붕에 내려와,
> 나의 눈을 감기고, 태양은 죽었다고 말했다.

루미 자신이 4번이나 다마스쿠스를 갈 정도로 샴스를 사방으로 찾아 나섰다는 사실은 루미가 피살의 가능성을 믿지 않았거나 믿기를 원치 않았다는 점을 보여준다. 괼프나를르에 따르면 샴스의 고함이나 땅에 떨어진 몇 방울의 피 등과 같은 구체적인 사항은 누가 신비적으로 생각해낸 상상의 결과이다. 루미에 대해 포괄적인 논문을 준비한 푸룬잔파르도 이 견해를 지지한다.

루미는 샴스의 이러한 두 번째 실종에 대해 충격을 받았다. 그의 친구는 어디에서도 찾을 수 없었다. 그래서 루미는 자신의 조의를 표시하기 위하여 구름 빛깔의 터번을 머리에 썼으며, 자신이 죽을 때까지 이 터번을 썼다. 샴스를 만나기 이전에 시에 많은 관심을 갖지 않았던 것처럼 보였던 루미는 이제 자기 가슴 속의 불을 시를 통해서 표현했으며, 밤낮으로 계속한 세마 속에서 마음의 위안을 찾았다. 이런 마음의 흔들림과 희망의 시간은 오랫동안 계속되었으며, 루미는 샴스에 대한 모든 조그마한 소식에도 마음을 기울였다. 다음과 같은 얘기는 이러한 분위기를 잘 전해준다. 어느 날 어떤 사람이 루미에게 찾아와 자신이 샴스를 다마스쿠스에서 보았다고 말했다. 루미는 너무나 기뻐서 발을 구르면서 자기가 입고 있던 옷을 이 사람에게 주었다. 다른 사람이 "그 사람은 거짓말쟁이예요. 샴스를 못 보았어요"라고 말하자, 루미는 "가짜 소식인 줄 알고도 옷을 준거야. 진짜라면 내 목숨을 주었을 걸"이라고 대답했다.

한 번은, 루미가 다마스쿠스로 가서 길거리에서 집집마다 샴스를 찾았다. 다음의 이행시는 그의 느낌을 잘 전해준다.

얼마나 오래 당신을 찾아 이집 저집 문을 두드려야 합니까?
얼마나 오래 당신은 나를 피해 이리 저리, 이 거리 저 거리를 다닐 것입니까?

거의 2년 동안 샴스를 찾고 난 뒤, 루미는 결국 새로운 상황을 받아들였다. 샴스의 정신이 루미 안에 실제로 나타나게 되었으며, 샴스는 그야말로 "새로운 샴스"가 되었다. 『이브티다나마』에서 술탄 왈라드는 이러한 상황을 자기 아버지의 낱말들로 표현한다.

우리가 육체적으로 떨어져 있어도, 우리는 육체와 영혼이 없는 하나의 빛이라오!
오 당신 찾는 자여! 당신이 그를 보건 나를 보건 모두 마찬가지. 내가 그이고
그가 나이기 때문이지.
내가 그이라면 내가 왜 그를 찾는가? 나는 그와 같으니, 이제 나에 대해 말하리라.
샤베트는 남을 위해 끓지 않고, 자신의 아름다움을 추구한다네

또 다른 시에서 술탄 왈라드는 이러한 결합 뿐 아니라, 이러한 결합을 통해 진정한 내적 자아에 도달하는 것도 얘기한다.

> 당신은 영원하고 폭넓은 거울
> 당신 눈 속에서 나는 내 나름의 모습과 진정한 이미지를 보네.
> 결국 나는 나에게 말했다. 그의 눈 속에서 축복받은 여행을 하고 내 자신을 찾았노라고.
> 당신 눈 속의 내 모습은 이렇게 외친다.
> 나는 당신이 되었고 당신은 내가 되었네. 이제 우리에게 이별은 없네.

루미 또한 다음과 같이 말했다.

> 밤이나 낮이나, 나의 가슴속에 사는 건 당신
> 당신이 그리울 때, 나는 내 가슴을 본다오.

샴스 이후

샴스와의 이별은 루미가 완성의 길로 나가기 위한 하나의 단계였다고 말할 수 있다. 왜냐하면 진정한 독적은 샴스가 아니라 샴스 속에 나타나 있는 신적인 빛이었기 때문이다. 이 빛은 처음에 샴스의 얼굴 안에서 비추었고, 신적인 사랑을 찾는 사람을 사로잡았다. 하지만 그 얼굴은 사라졌기 때문에 빛은 더 이상 그 얼굴에 그대로 남아 있을 수 없었다. 따라서 진정한 진리로 눈을 돌려야 한다. 이러한 상황은 『마스나위』에서 라일라*Layla*와 마즈눈*Majnun*의 이야기를 통해 표현되었다. 진정한 목표는 잔이 담고 있는 와인이지 잔 자체는 아니다. 진정한 목표는 절대적인 아름다움이지 라일라 자체는 아니다. 이 이야기에서 라일라는 마즈눈에게 사랑의 와인을 맛보게 하는 잔에 불과하다. 루미는 진정한 목표를 잊은 사람의 얼굴이나 잔만을 바라보는 것을 인정하지 않는다. 잔이나 얼굴은 진리에 이르는 길을 막는 우상이 될 수 있다. 어떤 시에서, 루미는, 사람은 잔에 황홀함을 느끼지 말아야 하고 잔에 대한 사랑에 너무 취하지 말아야한다고 경고한다. 자신의 사랑을 창조자를 향한 사랑으로 향하지 못하고 오히려 육체적인 아름다운 사랑 안에 머물러 있으면, 이런 사랑은 우상숭배와 다르지 않다. 육체적인 잔에 대한 사랑에 시간을 낭비하지 말고, 와인이 잔 안에 있을 때 와인과 잔이 하나가 아니고 같지 않다는 사실을 마음에 두고 계속 길을 갈 것을 충고한다. 이러한 이유 때문에 항상 추구하는, 루미의 눈은 샴스 이후에 신적인 아름다움을 반영하는 새로운 얼굴들을 새로운 정신적 지도자들로 발견하였다. 한편 일반적인 의미에서 루미는 수피 교단의 창시자가 아니다. 그의 잠 못 이루는 황홀경 때문에 그는 자신의 정열적인 초심자들을 규칙적으로 돌보지 않았다. 따라서 그를 메블레비 교단의 창시자로 볼 것이 아니라 메블레비 교단에 대한 영감의 원천으로 간주하는 것이 낫다. 샴스와의 이별 이후 그가 산 23년 동안, 루미는 이미 입교한 제자들에게 새로운 제자들을 돌보게 책임을 맡겼다. 이들 중 한 명이 살라하띤 자르쿠비*Salahaddin Zarqubi*이다. 살라하띤이 죽은 다음 아히*Ahi* 집단의 책임자인 후사메띤 체레비*Husameddin Chelebi*가 이 직무를 수행하였다. 먼저 살라하띤에 대해 자세히 살펴보자.

살라하띤은 보석상인이었으며, 교육을 받지 못했다. 어느 날 그가 루미의 설교를 들으면서 너무나 감동한 나머지 일어나 울며 루미에게로 다가가 자신의 머리를 루미의 발 위에 숙였다. 루미 역시 살라하띤을 좋아해서 심복으로 만들어서 자신이 샴스와 대화하고 있을 때 방에 들어 올 수 있는 행운을 가진 두 사람 중의 한 사람으로 삼았다. 샴스를 영원히 잃어버리고 난 후, 살타하띤은 루미의 가장 친한 친구가 되었다. 루미는 살라하띤 속에서 샴스의 빛을 발견했으며, 살라하띤을 자신의 칼리프(후계자)로 만들었다. 이 때도 샴스에 대한 질투가 살라하띤에게 주어졌음을 볼 수 있다. 제자들은 놀랐다. 이 무식한 상인에게서 루미가 무엇을 발견했는가? 왜 루미는 이 사람을 그렇게 칭찬하고 우리에게 그를 따르라고 하는가? 『이브티나마』를 인용해서 이런 상황을 요약해보기로 하자.

"우리가 한 사람을 없애버렸는데, 이제는 다른 사람, 그것도 더 나쁜 사람이 나타났군. 이전 사람은 빛이었지만, 이 사람은 불씨야. 샴스는 들을 만한 사람이었어. 그는 주제를 잘 설명하고 덕성과 학식이 있었어. 그는 타브리즈로부터 왔고, 거칠고 품행이 바르지 못한 이 콘야 출신과는 달리, 품행도 좋았지. 이 사람이 우리를 이끌고 길을 보여줄 사람인가? 이 사람은 이행시를 잘 맞추어서 말할 줄도 모르고,『꾸란』의 첫 장도 제대로 외울 수 없어. 대적할 만한 학자가 없는 루미가 무엇 때문에 저런 무식한 사람에게 헌신을 하나? 이 보석상인 살라하띤은 신발장 근처에만 앉아 있었지. 어떻게 지금 이 사람에게 높은 좌석을 주고 이 사람을 "지도자"라고 불러야만 하나?"(술탄 왈라드, 88)

이러한 비판과 관련된 구체적인 사례들에 대한 자료들이 있다. 이들 자료들을 보면 살라하띤은 어떤 단어들을 제대로 발음할 수도 없었다고 한다. 예를 들어, qifl(lock)은 qilf로, mubtala(addict)는 muftala로 발음했다고 한다. 그래도 루미는 이런 실수들도 신경 쓰지 않았다고 한다. 사하라딘이 khum(clay pot)를 khunb로 발음했을 때, 한 사람이 이를 고쳐주었을 때, 루미는 "그래 정확한 발음은

khum인 것은 알지만, 살라하띤이 언제나 khunb로 발음하기 때문에 나는 정확한 발음보다는 그의 실수가 더 좋아"라고 말했다(Sefik Can, 65). 이런 식으로 루미는 사랑받는 사람이 어느 면에서나 사랑받고 있음을 전달했다. 『마스나위』에 있는 다른 사례는 이런 의도를 아주 잘 보여준다. "어느 날, 개를 쓰다듬고 있는 마즈눈을 한 친구가 보았다. 마즈눈의 친구는 개의 나쁜 특징들을 늘어놓으면서 개에 대해 하는 행동에 대해 마즈눈에게 불만을 표시했다. 그러자 마즈눈은 '이 개는 라일라의 이웃집을 지키지. 사자를 아무리 많이 준다 해도 이런 개의 털 하나와도 바꿀 생각이 없어"(『마스나위』, 3:22).

술탄 왈라드가 얘기하고 있는 바와 같이, 살라하띤에 대한 반응은 일부 제자들이 살라하띤을 죽일 생각을 할 정도에 까지 이르렀다. 그러나 그렇게 할 충분한 용기를 갖지 못했다(술탄 왈라드, 92).

어떤 자료는, 살라하띤이 루미의 사랑을 받을 자격이 있었을 정도로 얼마나 솔직한 가슴을 가졌는지를 보여준다. 어느 날 루미가 보석 가게 옆을 지나게 되었다. 금을 두드리는 망치 소리에 루미는 황홀경에 빠져 빙글빙글 돌며 춤을 추기 시작했다. 그러자 살라하띤은 자기 일꾼들에게 망치를 계속 두드리라고 하고는, 루미에게로 달려가 발에 몸을 굽혔다. 루미의 춤은 금이 가루가 되어 날아갈 때까지 계속되었다. 루미는 살라하띤의 이런 순수한 가슴을 동경하였다. 그래서 이런 느낌을 표현하기도 했다.

> 나에게 오는 이는 보석상인이 아니라 보석 그 자체,
> 아 그 품성! 아 그 모습! 얼마나 아름다운가! 얼마나 아름다운가!

살라하띤을 기리기 위해 루미가 71 편의 시를 지은 사실은 루미

가 그를 얼마나 사랑했는지를 보여준다. 하지만 루미는 여기에 그치지 않고 자기 아들인 술탄 왈라드를 살라하띤의 딸 파트마 하툰 Fatma Hatun과 결혼하게 했다. 가슴의 끈에다 가족의 끈을 더한 셈이다. 루미의 배려는 모든 면에서 나타나서, 새 며느리를 따뜻하게 대했다. 며느리에게 『꾸란』 읽는 방법을 포함해서 읽고 쓰기를 직접 가르쳤다. 부부 사이에 문제가 생겼을 때도 아내를 친절히 대하라고 아들에게 경고하기도 했다. 루미는 살라하띤의 또 다른 딸인 하디야 하툰Hadiya Hatun의 결혼을 돕기도 했다. 자기 제자 파르와나 Parwana의 부인인 구르주 하툰Gurju Hatun에게 하디아 하툰의 지참금을 도와달라고 부탁했다. 구르주 하툰은 너무나 많은 것을 보내서 놓아 둘 방이 없었으며, 일부는 파트마 하툰에게 줄 수밖에 없었다 (Onder, 126).

시끄러운 샴스와는 달리 살라하띤은 말수가 적고 조심스러운 사람이었으며, 이슬람의 원칙들을 따르는데 매우 민감했다. 10년 동안 루미에게 봉사한 다음, 1258년 12월 그는 사망했다. 살라하띤의 경건함은 그가 매주 금요일 아침, 겨울에도 목욕을 한 사실이 보여준다. 예언자의 전통을 버리지 않기 위해서, 그는 씻은 다음에 옷이 젖었어도 그대로 입었다. 그렇게 하면 병에 걸린다고 말하는 사람들한테, 그는 "하느님을 기쁘게 하는 일이 내 건강보다 더 중요합니다"라고 대답했다(푸루잔파르, 138).

한편 자기 스승 루미와 같이 그는 죽음을 결혼과 같은 것으로 본 사실에서 그의 뜻을 이해할 수 있다. 그의 뜻에 따라 그의 장례는 세마와 노래를 하는 의식으로 치러졌다(술탄 왈라드, 142).

지식보다는 정신적인 성숙을 좋아했던 루미는 학자였음에도 불구하고, 살라하띤을 대체하기 위해 후사메띤 체레비를 골랐다. 후사메띤의 가족은 1225년 우르미야*Urmiya*에서 콘야로 이주했다. 어려서 아버지가 죽었을 때, 후사메띤은 소상인 형제단인 아히*Ahi* 그룹의 지도자가 되었다. 나중에 그는 자기 그룹의 모든 단원들과 함께 자신을 루미에게 바쳤으며, 루미에게 충실했기 때문에 유명해졌다. 루미는 자기가 받은 모든 선물들을 후사메띤에게 보냈으며 자신의 모든 일을 후사메띤에게 믿고 맡길 정도였다. 앞에서 우리는 라일라가 사는 길을 지키는 개까지도 사랑한 마즈눈에 대한 이야기를 『마스나위』에서 인용한 바 있다. 이 이야기 역시 루미의 후사메띤에 대한 느낌을 요약해준다. 어느 날 루미가 자기 친구들과 함께 후사메띤을 만나러 갈 때, 이들은 길 입구에서 개 한 마리를 만나게 되었다. 일행 가운데 한 명이 개를 쫓아버리려고 하자 루미는 말리면서 다음과 같이 말했다. "건드리지 마라. 그 개는 보통 개가 아니다. 후사메띤의 이웃이다!"(Onder, 144).

술탄 왈라드는, 자기 아버지가 샴스를 해, 살라하띤을 달, 후사메띤을 별에 비유했다고 말한다(술탄 왈라드, 143). 이 비유에서 후사메띤은 살라하띤보다 격이 낮지만, 후사메띤의 루미에 대한 봉사는 확실히 훨씬 더 크다. 왜냐하면, 『마스나위』를 보면 후사메띤의 요구가 나타나기 때문이다. 대화중에 후사메띤은, 앗타르*Attar*의 『만티쿠트*Mantiqut*』나 사나이*Sanai*의 『일라히나마*Ilahinama*』같이, 수도자의 지침서가 될 만한 책을 써 달라고 루미에게 간곡히 청했다. 이 간청을 들은 루미는 자기 터번에다 한 페이지를 만들었다. 이 한 페이지가 바로, "리드*Reed*의 노래"로 알려진, 18개의 이행시로 이루어진 『마스나위』의 첫 번째 이야기이다. 그 아름다움으로 우리를 감동시키는, 이 행들은 언뜻 보면, 플루트로 바뀌고 매혹적인 소리를 만드는 평범한 리드에 관한 이야기이다. 하지만 실제로는 한 사람과 이 사람이 세상에 사는 목적에 관한 이야기이다. 좋은 플루트는 리드의 최고 스승이다. 좋은 플루트는 리드가 플루트가 되는 방법을 가르쳐준다. 플루트는 루미 자신이다. 루미는 불에 대한 경험을 단계적으로 했다. 루미 역시 리드처럼 타올랐고 정화되었으며, 결국에는 자신 안에 자기라고 할 만한 어떤 것도 남지 않았다. 루미는 자신의 몸은 리드 플루트 reed-flute 같았으며, 그 주인의 숨으로 소리를 내고, 영원의 비밀들을 집중한 귀에다 속삭여주었다.

리드의 노래

리드 플루트를 들어보라, 얼마나 애절한 노래인가?
이별을, 슬퍼하네:

리드에서 나온 후,
내 울음을 보는 모든 눈에서 눈물이 마르지 않네.
나는 가슴이 찢어지길 바래, 이별로부터,
그러면 슬픔의 고통을 달랠 수 있을 거야.

자기 뿌리에서 멀어진 사람은 누구나,
언제나 재회의 순간을 염원하지.

함께 있을 때마다, 슬퍼하고 소리 지르지,
비참한 사람, 행복한 사람, 모두 시련 속에서.
자기 환상에 따라 모두 내 친구가 되지,

하지만 누구도 내 속의 깊은 비밀은 찾지 않았어.

내 비밀이 내가 흐느끼는 곡조 안에 있어도,
감각으로는 드러낼 수 없어.

영혼으로부터 육체는, 육체로부터 영혼은 감출 수 없지,
아직 사람의 어떤 눈에도 영혼은 드러나지 않았지.

이것이 리드의 흐느끼는 숨을 사랑하는 열정이지. 뜨거운 공기만은 아니야,
불에 대해 이 같은 열망이 없는 사람은 아무 것도 아니야.

타오르는 건 이 리드 플루트 안의 사랑의 불꽃,
황홀경에 빠지게 하는 건 이 와인 속의 사랑의 효소.

사랑하는 사람으로부터 떠난 모든 사람은 이 리드 플루트와 친하지,
그 흐느끼는 톤은 깊게 상처받은 가슴들의 장막을 치지.

고통을 치료하지 못하고, 슬픔에 잠겨 있는 리드 플루트 같은 사람을 누가 보았는가?
간절한 애인과 진정한 친구를 찾는 리드 플루트 같은 사람을 누가 보았는가?

리드 플루트는 피로 물든 길을 노래하네,
마즈눈의 사슴을 아프게 한 사랑을 얘기하네.

미친 사랑만이 들을 만한 얘기를 진정 말할 수 있을 뿐,
현명한 혀는 비천한 귀에 다가갈 뿐.

날이 가고 시간이 갈수록 만남은 멀어 지네,
밤마다 고통은 더욱 깊어지네.

지금 이 고통스런 날들을 누가 달래줄 건가?
당신이 있네, 오 순수한 당신!

물속에 잠긴 물고기도 더욱 목이 마르게 되고,
같이 못할 사람들과의 날들은 늘어만 가네.

사랑에 대한 이 리드의 황홀한 상태를 성숙한 사람은 모두 이해할 수 있네.
그러나 그대로의 모습을 잡지 못하는 사람들에게 나의 유일한 말은,
"안녕"

이 행들은 역사상 과거와 지금에도 유일하게, 구어체와 문어체의 시작이다. 루미 자신이 말하듯이, 우유는 젖통이 아니라 우유를 짜는 사람의 손 때문에 축복을 받는다. 특히 후사메띤의 손, 후사메띤의 간청은 루미 안에서 끝이 없는 바다를 가능하게 했으며, 후사메띤은 루미로부터 흘러나오는 말들을 받아 적었다. 이 작업에 정해진 시간은 없었다. 시장, 집, 길거리 어디에서나, 그리고 밤부터 아침까지 이루어졌다. 루미의 『디완』 안의 시들이 다른 사람들이 받아 적은 경우도 있었지만, 실제로 전체 『마스나위』는 후사메띤이 기록했

다. 그는 루미가 말할 때 빠르게 기록하고 나중에 교정을 위해 자기 선생님께 큰 소리로 읽어 드렸다. 루미로서는 자신의 충실한 제자의 노력에 진심으로 고마워했다. 『마스나위』의 많은 부분에서, 특히 각 권의 서문에서 루미는 후사메띤을 마음을 다해 칭송하고 작품은 후사메띤 덕택에 쓰여졌다고 적고 있다. 제1권과 제2권 집필 사이에 2년의 휴식기가 이 점을 증명해준다. 『마스나위』의 첫 권이 끝났을 때, 후사메띤은 자기 부인의 죽음에 충격을 많이 받았다. 후사메띤은 은둔하면서 펜과 종이를 멀리했다. 요구의 손이 영감의 근원을 짜내지 않게 되자, 우유는 나오기를 멈추었다. 후사메띤이 슬픔에서 비로소 벗어날 수 있었을 때, 루미는 자기가 멈춘 곳으로부터 『마스나위』를 계속했다. 루미가 『피히 마피흐』에서 말하는 듣는 사람의 중요성은 다음과 같이 요약 될 수 있다.

"우리의 말은 수문지기가 조절하는 물과 같다. 수문지기가 문을 열 때, 물은 어디로 흘러갈지 모른다. 내가 알기로, 물이 많으면 메마른 많은 땅에 물이 갈 것이고, 물이 적으면 많은 땅에 물이 못 간다. 이와 마찬가지로 『하디스』에도 '신은 듣는 사람의 열정에 맞추어 말하는 사람에게 말하라고 적당한 명령을 내린다' 고 적혀있다. 나는 신발 만드는 사람과 같다. 가죽은 많이 갖고 있지만, 발의 크기에 맞추어 신발을 만든다. 옷감을 많이 갖고 있지만, 몸에 맞추어 옷을 만드는 사람이다."(『피히 마피흐』, 162).

마지막 여행

후사메띤이 지도자였던 10년 동안 루미는 상대적으로 조용한 생활을 하면서 집필과 자문에 시간을 보냈다. 1273년 말 쯤, 루미는 심각한 병에 걸렸으며, 의사들은 루미의 높은 열을 낮출 수 없었다. 의사들은 원인을 알 수 없었고, 루미는 그저 사는 걸 싫어했다. 의사들이 루미의 이런 태도를 알게 되자, 의사들은 점점 포기하게 되고 콘야 사람들은 근심에 차서 기다릴 수밖에 없었다. 반면 루미는 만족하고 즐거운 마음을 가졌다. 건강을 기원하는 사네딘 코네위 Saneddin Konevi에게 "자네의 병이 낫고 건강을 유지하게나, 지금은 사랑하는 사람과 사랑받는 사람 사이에는 더리털만큼 얇은 장막이 있어"라고 대답했다. 그리고는 다음과 같은 이행시를 말했다.

나는 몸을 버렸네, 상상의 산물.
지금 나는 건들거리네, 재회의 기쁨을 즐기면서
(『마스나위』, 6:4619)

다음은 죽음에 대한 루미의 다른 이행시이다.
목숨을 가져가는 분이 당신이라면, 죽는 것은 너무도 달콤합니다.
제가 당신과 함께 있는 한, 죽음은 정말로 삶보다 달콤합니다
(Sefik Can, 92)

더 오래 살라고 기원했던 사람들에 대해 루미는 항의했을 것이다. 자기 부인이 "당신이 400살을 살아서 이 세상을 진리의 빛으로 채워주기를 바랍니다"라고 말했을 때, 루미는 "내가 그렇게 오래 살기를 원하는 파라오나 님로드요? 나는 '세상'이라고 불리는 감옥에 그렇게 오래 머물러 오지 않았소. 나는 예언자의 동료들과 만나기를 기대하고 있소"라고 대답했다.
루미의 믿음직한 아들인 술탄 왈라드는 한 순간도 루미 침대 곁을 떠나지 않았으나, 아버지가 이런 상태에 있는 것을 차마 볼 수 없었다. 루미의 마지막 말은 아들에 대한 위로의 말이며, 죽음에 대한 새로운 의미를 남기면서 루미는 이 세상을 떠났다. 사람들은 루미의 죽음으로부터, 죽음은 이별이 아니라 재회이며, 슬픔이 아니고 기쁨이며, 식초가 아니라 달콤한 샤베트라는 점을 배웠다. 이때부터 많은 사람들은 죽음을 "재회의 밤"이라고 부른다.

죽기 전에 루미는 유언을 받아 적게 했으며, 한 말씀 남겨 달라는 요구에, 다음과 같은 말을 했다. "어디 있던 하느님을 두려워하고, 적게 먹고, 조금 자고, 말을 적게 하고, 악행을 멀리하고, 기도와 단식을 계속하며, 사람들의 잘못된 행동을 참고 견뎌라. 가장 좋은 사람은 다른 사람에게 선을 행하는 사람이고, 가장 좋은 말은 적지만 구체적인 말이다. 그리고 모든 찬사는 신에게 속한다."(푸루잔파르, 152).

루미의 서거 소식은 콘야에 충격의 물결로 퍼졌다. 젊은이나 늙은이 모두 장례식에 몰려왔다. 콘야의 모든 사람들, 마을 사람들, 어린이, 어른, 그리스도교인들, 유대인들, 무슬림들, 모두가 거기에 있었다. 아브라함의 이 세 종교를 믿는 콘야의 모든 신자들이 조의를 표했다. 수많은 군중들 사이로 운구된 관은 기도하는 사람들 때문에 저녁이 되어서야 겨우 장지에 도착할 수 있었다. 장례 설교에서 루미의 정신은 군중들에게 전해졌다.

"내가 죽는 날, 내 관이 지나가는 것을 볼 때, 내가 이 세상을 걱정한다고 생각하지 말라. 이 날이 바로 나의 재회의 날이기 때문에, 나를 위해 소리 지르거나 슬퍼하지 말라. 나의 몸을 묻는 때가 바로 사랑받으시는 분을 내가 만나는 재회의 시간이기 때문에, 이별에 대해 슬퍼하지 말라. 내가 앉아 있었던 것을 보지 않았느냐? 그러니

메블라나 박물관과 루미의 관

이제 일어나는 것도 보아야 한다. 태양과 달이 질 때 망가지느냐? 내가 땅 밑에 묻힌다고 생각하느냐? 그러나 나는 내 발 밑에 7개의 창공을 갖고 있다."(푸루잔파르, 156).

　지도자로서 장례 기도를 했던 사네띤 코네위는 루미의 죽음을 더 이상 참지 못하고 현기증을 느꼈다. 이런 일이 벌어지자 카디 시라 제띤Qadi Sirajeddin이 대신 일을 맡았으며, 날개처럼 가벼운 루미의 시신은 루미 아버지의 시신 옆에 묻혔다. 오래 지나지 않아 콘야의 부자들이 함께 와서 루미의 묘비 주위에 아름다운 무덤을 만들었다. 하지만 루미는 자신이 말했듯이 머물 수 있는, 무덤보다 훨씬 더 좋은 곳을 발견했다.

　　우리가 죽을 때, 땅 밑의 묘비를 찾지 말라
　　사랑하는 가슴들 안에서 우리를 발견할 수 있다.

루미의 모습

　푸루잔파르나 다른 자료에 언급되어 있듯이, 루미는 말랐고 키가 컸다. 창백한 안색, 회색빛 수염, 검은 색 눈썹, 그리고 녹갈색 눈을 가지고 있었다. 어느 날 공중목욕탕에서 거울에 비친 자신의 몸을 보았을 때, 그는 고통을 참아 낸 자신의 몸을 보고 부끄러움을 느꼈다고 한다. 그의 창백한 안색 역시 그의 여러 시에서 비유되고 있다. 그가 체중이 덜 나가는 것은 젊었을 때 행한 금욕과 오랜 단식의 결과로 생각된다. 루미는 3일에 한 끼, 어떤 때는 1주일에 한 끼를 먹었으며, 기도를 위해 오랫동안 은둔했다고 아프라키는 전한다(아프라키, I : 444, 501). 사이이드 부르하네띤은 루미에게 세 번 연속 고행chila을 시켰음은 이미 언급한 바 있다. 하지만 루미는 샴스를 만난 이후 엄격한 금욕 생활을 포기했고 제자들에게도 그렇게 할 것을 충고했다. 이와 마찬가지로, 20살이 된 자기 아들 술탄 왈라드가 아버지에게 고행하는 것을 허락해주기를 원하자, 루미는 "우리에게 고행은 없다. 고행은 모세와 예수의 방법이다"라고 대답했다. 자기 제자들에게 고행하는 것을 금지했다. 대신 사회생활에 참여하기를 원했으며, 그러나 세속적인 일들에 마음을 빼앗기지 않기를 원했다(푸루잔파르, 98). 다음의 이행시가 이런 생각을 요약해준다.

하느님께 세속적인 것은 잊혀진다.
재산, 옷, 아이들, 부인을 갖는 것은 아니다

    루미의 얼굴은 경외심을 불러일으켰으며, 영혼의 거울인 그의 눈은 하느님을 향한 그의 끌림을 나타내면서 날카로웠다. 어느 누구도 그의 눈을 바로 쳐다 볼 수 없었고, 눈을 다른 데로 돌릴 뿐이었다.
    처음에 루미는 학자의 터번을 쓰고 헐렁한 새 옷을 입었으나, 샴스를 만난 다음부터는 회색 빛 터번을 쓰고, 파라자faraja라고 불리는 밝은 푸른 색 수도자 외투를 입었다(푸루잔파르, 190, 191).

루미의 내적 세계와 윤리적인 행동

    예언자 무함마드는 『꾸란』의 윤리를 완벽하게 반영하는 성격을 가졌다고 얘기된다. 루미는 이슬람의 무함마드 예언자를 자신의 모델로 삼았으며, 그의 윤리적인 행동을 형성한 자료들은 『꾸란』과 『순나』다. 요즈음 루미를 초종교적인 인물로 보는 경향도 있다. 하지만 루미는 몇 세기 전에 이미 이런 비난에 대해 대답을 했으며, 자신을 하느님의 메신저에 결부시키면서 이렇게 사실들을 왜곡하는 것에 대해 곤란함을 느꼈다.

내가 살아 있는 한 나는 『꾸란』의 노예이다.
그리고 나는 선택된 사람, 무함마드가 밟는 길의 흙이다.
누가 내 말을 다르게 전하면,
그 말과 그 말을 한 사람에 대해 나는 불평을 할 것이다.

모든 수피들에서는 발견할 수 없는 풍부한 관용을 루미는 틀림없이 가졌다. 그래도 루미는 이 관용의 경계를 다음과 같이 한정한다.

콤파스의 다리와 같이, 나의 한 발은 샤리아를 굳게 밟고 있으나
다른 한 발로는 72개의 모든 나라를 여행하네

따라서 루미는 자신의 표본적이고 경외할 만한 도덕을 드러낸다. 『피히 마피흐』에서 무함마드에 대해 언급할 때, 루미는 무함마드를 태양에, 그리고 나머지 모든 사람은 무함마드로부터 빛을 받는 촛불에 비유한다. 결국 촛불들의 빛과 아름다움의 근원은 태양이다.

루미는 자기 아버지의 감독을 받으며 교육을 받았다. 공부를 마쳤을 때, 루미는 샴스의 안내에 따라 정신적인 성장을 이루었다. 따라서 루미는 자기 자아로부터 정화되었고 우주를 바라볼 때 조화와 아름다움만을 보는 사람이 되었다. 다음의 이행시가 이런 견해를 요약해준다.

주요 잘못은 잘못된 것만을 보는 것이다
영역을 넘어 여행하는 영혼들이 어떤 잘못을 볼 수 있을까?

완성에 대한 루미의 높은 단계는 가시적인 영역에서 아주 조금만 모습을 드러내는 우주 속에서 조화를 이해한다. 루미는 반대되는 것처럼 보이는 것들의 상호 일치를 인식하였다. 신이 창조하고 우리를 그 안에 살게 하신 우주는, 신께서 허락하신 하나의 가정처럼, 사랑과 존경을 받아야 한다. 이러한 깊은 이해 때문에 루미는, "색깔이 없는 세계에 도달하는 사람은 거기서 모세와 파라오도 평화롭게 사는 것을 본다"(『마스나위』, 1권, 2467)라고 말할 수 있었다.

실제로 신적인 표현들은 색깔이 없으며, 매 순간마다 모양과 모습을 달리하면서 흘러간다. 이 영역에 도달한 루미는 계속 다른 상태와 모습들 속에 있었다. 추종자의 한 사람인 구르주 하툰*Gurju Hatun*은 루미의 초상화를 만들고 싶었지만 자기 남편은 카이세리로 발령이 난 상태였다. 따라서 그녀는 에이누데월레위*Aynuddevlevi*라는 화가에게 이 일을 맡겼다. 루미는 서서 웃으면서 "와서 할 수 있는 대로 그리시오"라고 말했다. 화가는 첫 번째 초상화를 그리고 루미를 쳐다보았다. 그러나 루미의 얼굴은 자기가 그린 얼굴과는 달라서 놀랄 수밖에 없었다. 처음부터 다시 다른 초상화를 그리고 루미를 봐도 역시 또 다른 얼굴이었다. 이렇게 몇 번을 계속 했으나, 이 불쌍한 화가는 결국 붓을 내려놓을 수밖에 없었다. 그러자 루미는 "나는 색깔이 없고 정해진 것이 없소. 나도 원래의 내 모습을 볼 수 없는 데, 당신은 어떻게 가능하오?"(Onder, 154)라고 말했다.

인간은 하느님이 정해진 모양으로 창조하여 표현한 것들 가운데 하나이다. 색깔들, 형태들, 습관들은 얼어붙은 대상들 속에서만 정확히 찾을 수 있을 뿐이다. 그러나 거울은 자신의 형태를 가지고 있지 않으며, 거울에 비치는 모습들도 언제나 변한다. 마찬가지로 루미도 신적인 표현들 앞에서는 거울처럼 형태가 없다. 따라서 루미는 색깔, 언어, 나라에 관계없이 모두를 반기는 이해를 표현한다. 실제로 루미는 모든 사람들에게 호소력이 있으며, 갈망하는 모든 가슴들을 반영한다. 이런 측면에서 포도를 사려는 네 사람의 유명한 비유 이야기에서 이들의 공통된 목적을 알아채고 이들을 돕는 사람은 바로 루미 자신이라고 말할 수 있다. 그러므로 루미는 신을 향한 사랑, 이해, 그리고 이런 마음을 갖춘 모든 피조물들에 대한 열정으로 가득 찼다.

루미의 이런 측면을 보여주는 몇 가지 사례들을 살펴보기로 하자. 몰라 자미*Molla Jami*의 『나파하툴 운스*Nafahatul Uns*』에서 보듯이, 콘야의 시라제띤*Sirajeddin*은 "나는 72 개 나라와 모두 함께 있다"라는 루미의 말에 항의하기 위해 친구 한 명을 루미에게 보냈다. 이 사람은 여러 사람 앞에서 루미에게 모욕을 주기 위해, 정말로 이런 말을 했는지 루미에게 물었다. 루미가 그렇다고 대답하자, 비난의 말을 쏟아내기 시작했다. 이에 루미는 미소 지으며 "당신이 무슨 말을 해도, 나는 당신과 함께 있지 않소"(푸루잔파르, 193)라고 말했다. 몰라 자미는 루미의 이런 말을, "나누기 위해서가 아니라 결합하기 위해서 우리는 이 세상에 왔다"는 말로 간단히 요약한다.

루미는 서로간의 싸움과 경쟁을 참지 못하였다. 어느 날 두 사람이 싸우는 것을 루미가 보았다. 한 사람이 다른 사람을 위협하면서, "당신이 한 마디를 하면, 나는 천 마디 이상으로 대답하겠소"라고 말했다. 이에 루미는 이들에게, "당신이 하는 말은 어느 것이나 나에게 말해보시오. 당신이 천 마디를 말해도 대답은 한 마디도 들을 수 없을 것이요"(Onder, 176)라고 말했다.

불은 불로 끌 수 없음을 루미는 잘 알고 있었다. 분노와 원한의 불은 애정의 물로만 끌 수 있다. 어느 날 루미는 자신의 아들인 술탄 왈라드에게 친구관계에 대해 황금과 같은 충그를 해주었다. "네가 적을 사랑하고 적이 너를 사랑하기를 원한다면, 40일 동안 적을 위해서 좋은 일을 빌어라. 결국 적은 너의 제일 가까운 친구가 될 것이다. 왜냐하면 마음과 마음은 통하기 때문이다"(Onder, 177).

루미는 자아를 깨어진 유리처럼 땅에 부숴버렸으며, 그의 겸손은 비할 데 없었다. 신의 업적에 대해 그는 존경을 느꼈기 때문에 사람들을 차별할 수 없었다. 종교, 종족, 또는 이것들 사이의 지위에 차이가 없는 것처럼, 그는 사람들을 똑같이 대했다. 어느 날, 자기 딸인 마리카 하툰이 시종 아줌마를 꾸짖는 얘기를 듣고, 그는 미안함을 느끼고 다음과 같은 지혜의 말을 하였다. "너는 왜 그녀의 마음을 상하게 하느냐? 그녀가 숙녀이고 네가 시종이었다면 너는 어떻게 했겠느냐? 내가 법률 해석fatwa을 하고, 오직 하느님만이 시종을 가지신다고 선언하기를 원하느냐? 정말이지 저 사람들 모두가 우리들의 자매이고 동료 시민들이다"(Yeniterzi, 21).

아프라키가 말하듯이 일부 사람들은 루미의 제자들이 낮은 신분의 사람들이었다는 점을 비판한다. "루미 자신에 대해서는 할 말이 없다. 하지만 루미의 제자들은 야채장수, 옷 만드는 사람 등 미천한 사람들이다. 루미 주위의 어느 누구도 성숙하거나 자격 있는 사람은 아니다"는 말들을 했다. 루미의 대답은 간단했다. "그들이 자격 있는 사람들이라면, 내가 그들의 제자가 되었을 것이다. 그들이 자격이 없기 때문에 그들을 내 제자로 받아들였다"(푸루잔파르, 195).

루미는 게으름을 인정하지 않았으며 주위 사람들이 근면하도록 용기를 주었다. 루미는 아마도 '내 제자들이 구걸을 하는 것은 용서를 한다'고 말했을 것이다. 하지만 루미는 자선금을 받아들이지 않았으며, 루미는 자기가 하는 법률 해석의 대가로 받는 돈으로 생활을 했다. 나파하트Nafahat의 번역에 따르면, 루미는 집에 아무 것도 없을 때 기뻐하면서, "하느님 감사합니다. 저희 집은 오늘날 예언자 무함마드의 집과 같습니다"라고 말했다고 한다. 그는 남에게 부담을 주려고 하지 않았고 남이 자신에게 부담을 갖는 것을 원하지 않았다. 이랬기 때문에 자신이 받은 선물은 돌려주었으나, 이렇게 돌려줌으로서 자신이 과시되는 것은 원하지 않았다.

가끔씩 그는 학교에서 학생들의 주머니에 몰래 돈을 넣어주었다. 어느 날 그는 제일 가난한 학생인 오스만 구엔데에게 돈을 주고 싶

이슬람 학교의 강의 모습

었으나 다른 학생들 앞에서 오스만이 당황하는 것을 원하지 않았다. 그는 "오 오스만! 너는 여태까지 나랑 악수하는 좋은 습관을 가졌었는데. 악수를 안 하다니 무슨 일이야?"라고 말하고, 악수를 하는 동안 오스만의 손바닥에다 돈을 넣어주고는 말했다. "지금부터는 나에게 자주 와서 악수하는 것을 잊지 말아라"(Yeniteri, 26)고 말했다.

루미는 다른 사람에 비해 특혜를 받는 것도 좋아하지 않았다. 한번은 루미가 공중목욕탕에 갔을 때, 안에는 나환자들이 있었다. 관리인은 이들에게 즉시 탕에서 나오라고 요구했으나, 루미는 관리인을 말렸다. 그리고는 관례대로 허리에 긴 수건을 두르고 나환자들과 함께 목욕을 했다. 자신을 위해 남이 일어나라는 말을 듣는 것도 받아들이지 않았으며, 이런 일을 피하기 위해 투미는 그냥 지나쳐 걸어갔다.

루미는 사랑받는 남편, 애정 있는 아버지, 이해심 있는 시아버지, 부드러운 할아버지가 되는 방법도 알고 있었다. 자식들 가운데 술탄 왈라드를 가장 사랑했는데, 루미는 이 아들에게 "너야 말로 나를 제일 돌보야야 한다. 내가 이 세상에 온 것은 너를 이 세상에 오게 하기 위해서였다"고 말했다. 또한 손자인 아미르 아리프 체레비*Amir Arif Chelebi*가 1272년 태어났을 때, 루미는 자신의 흥분을 억누를 수 없어 황홀경에 빠져 춤을 추기 시작 했다고 한다.(Onder, 195 −6).

다음의 일화는 루미의 유머러스한 감각과 미신에 대한 태도를 보여준다. 어느 날 부인인 키라 하툰이 단추를 달려고 바느질을 하고 있었다. '사람이 옷을 입고 있을 때 단추를 달면 불길하다' 는 미신 때문에 키라는 루미에게 올지도 모르는 해악을 쫓아내기 위해 입에 빨대를 물고 있으라고 했다. 그러자 루미는 미소 지으면서 말했다. "겁내지 마시오. 내 입에는 『꾸란』에 있는 수라 이크라스[1]가 있소.

내가 이 수라를 너무나 꽉 물고 있기 때문에 아무 일도 없을 것이요"(Onder, 188).

　동물들도 신의 메신저 무함마드의 경우처럼 루미의 베푸는 동정의 몫을 받았다. 무너진 담 근처에 자기 새끼들과 함께 있는 개가 있었는데, 이 개는 새끼들을 내버려두고 먹이를 찾아 나설 수가 없었고 이들은 모두 배가 고팠다. 루미는 이를 보고 동정심으로 며칠 동안 이들을 먹였다(Onder, 195).

　대적할 만한 상대가 없는 학자였지만, 루미는 이러한 성취에 자부심을 갖지 않았다. 반대로 자기 문제를 해결하면, 젊었을 때도 마치 자기가 진 것처럼 행동했다. 그는 친구 관계에 충실한 것을 중요하게 생각했으며, 누가 맹세를 하면, "정중함에 충실하기 위하여"라고 말했다. 간단히 말해 루미는 당시에 예언자 무함마드의 모범적인 윤리를 본받은 가장 성공적인 사람이었다.

콘야에서 루미의 환경

　당시의 정치-사회적인 상황을 살펴보고 루미 주위의 관리들과 친구들을 살펴보기로 하자. 바하 왈라드는 강력한 술탄인 알라띤 카이쿠바트의 통치 때에 콘야로 왔다. 하지만 루미 때에 이 나라는 쇠퇴하고 있었다. 1237년 알라띤이 죽자, 자기 아버지 보다는 능력이 없는 기야세띤 카이후스라브*Giyaseddin Kayhusrav*가 왕위에 올랐다. 1242년 바이주*Baiju*의 지휘아래 30,000명의 몽골군이 쳐들어 와서 에르주룸*Erzurum*을 초토화시키자, 기야세띤은 자기 군대를 이끌고

---

1) Al Ikhlas(신앙의 순수성)에 관 한 『꾸란』의 한 장.

몽골군에 대항하였다. 이런 대항 이후 벌어진 코세다Kosedag 전투는 셀주크에게는 완전한 패배를 안겨주었으며, 결국 망하게 되었다. 따라서 아나톨리아는 몽골의 통제 하에 있게 되었다.

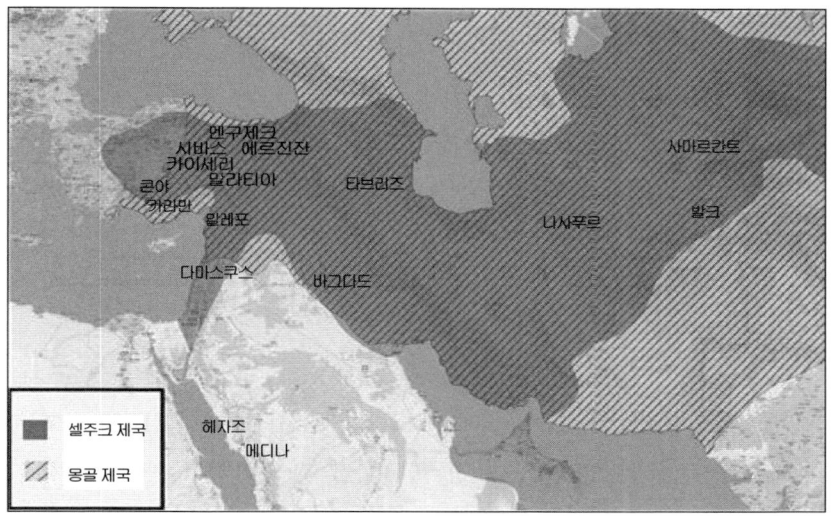

셀주크와 몽골제국의 영토

1256년 셀주크는 두 번째 시도를 했지만 또 다시 패배했다. 몽골은 기야세띤의 아들로서 감옥에 있었던 루크네띤 글르차르슬란 Rukneddin Kilicarslan 4세에게 왕관을 씌워주었다. 하지만 실제 권력은 토지등록업무의 책임자였고 무이네띤 파르와나Muineddin Parwana로도 알려진 무이네띤 술레이만Muineddin Suleyman이 갖고 있었다. 몽골군이 떠났을 때 여러 해 동안 콘야 근처에 머문 다음, 술탄은 파르와나의 지배를 끝내기를 원했다. 그러나 몽골군과 합의를 맺고 있었던 파르와나는 전투에서 우위를 점했고 술탄을 죽여버렸다. 그래서 두 살 반 밖에 되지 않은, 죽은 술탄의 아들인 기야세

제 1장 사랑과 지혜의 삶 73

띤 카이후스라브 3세*Giyaseddin Kayhusrav Ⅲ*가 새로운 술탄으로 선포되었다. 파르와나는 여전히 국가의 실질적인 지도자였지만 1277년 몽골군에 의해 살해되었다. 이후 왕위 싸움은 1308년 셀주크가 망할 때까지 계속되었다. 이런 혼돈의 시기에 루미는 자신의 업적과 사상을 통해, 사회에 희망과 에너지의 원천이 되었다. 그는 사회의 모든 계층을 품에 안았으며, 그의 문은 모두에게 열려있었다. 일반 국민들 뿐 아니라 궁정의 사람들까지도 루미를 통해 정신적인 지원을 받았으며, 이들 모두 루미에게 적절한 존경을 표시하였다. 반면 루미는 이들에게 조언을 하는 범위를 넘어서지 않고 정치에 간여하는 것을 거부하였다. 행정가들과의 관계에서도 루미는 언제나 자신의 품위 있는 입장을 지켰다.

이제띤 케이카우스 2세*Izzeddin Kaykavus Ⅱ*(1245-57년간 통치)와 루크네띤 글르차르슬란 4세*Rukneddin Kilicarslan Ⅳ*(1257- 66년간 통치), 이 술탄 두 명이 루미의 대화에 참석하였다. 이제띤 카이쿠바스는 처음에 루미의 정신적인 위대함을 믿지 않았다고 아프라키는 말한다. 하지만 루미를 공경하는, 자신의 고관인 사히프 샴세띤*Sahip Shamseddin*의 권고를 받아들여 루미의 강의를 듣고 난 다음, 마음을 완전히 바꾸어 루미의 제자가 되었다. 반면 동생인 루크네띤은 처음부터 루미를 따랐으나 나중에는 지도자인 메렌트*Merent*의 바바*Baba*에 마음이 기울어져, 바바를 "아버지"라고 부르기 시작했다. 이 소식을 들은 루미는 상심하여, "네가 새로운 '아버지'를 찾았다면, 나는 샤로운 '아들'을 찾을 것이다"(아프라키, Ⅰ: 204)라는 말을 했다고 한다. 아프라키는, 루크네띤 자신의 몰락을 가져오고 루미의 마음을 아프게 했기 때문에 술탄 루크네띤이 저지른 살육을 불행으로 보고 있다. 『디와니 카비르』에서 다음과 같은 행으로 시작하는 시는 이 사건 이후에 루미가 느낀 슬픔을 나타낸다.

거기에 가지 말라고 했지-그들은 너에게 재앙을 가져올지도 모르니까
(아프라키, Ⅰ: 205)

당시의 뛰어난 인물들인 사히프 샴세띤, 젤라레띤 카라타이 Jalaladdin Karatay, 타제띤 무테즈Tajeddin Mutez, 무이네띤 파르와나 모두 루미의 추종자들이었다. 파르와나는 몽골군과의 관계에서 균형 있는 정책을 유지하면서 나라를 여러 해 동안 지배한, 매우 영리한 사람이었다. 하지만 파르와나도 몽골군에 대항하여 이집트의 술탄인 바이바르스Baibars와 협력했기 때문에 1277년 아바카 한Abaka Khan에 의한 죽음을 피할 수 없었다.

파르와나는 자신의 통치 기간 동안 제사 동물을 위해 자주 돈을 희사했으며, 선물로 자선을 베풀기도 하고 공공 건물을 짓기도 하였다. 가난한 사람들을 위해 중간자 역할을 했던 루미는 『피히 마피흐』에서 파르와나를 자주 언급한다. 하지만 루디는 꼭 필요할 때를 제외하고 중요한 인물을 만나는 것을 싫어했으며, 대신 가난한 사람들과 시간을 보내는 것을 좋아했다(푸루잔파르, 182-89).

위에 언급한 인물들 이외에 루미에게 헌신한 사람들 가운데 다음과 같은 이름들을 들 수 있다. 콘야의 카디 이제띤Qadi Izzeddin, 아미르 바드레띤 게외르타스Amir Badreddin Gevhertas, 마즈두띤 아타베그Majduddin Atabeg, 아미누띤 미카일Aminuddin Mikail, 알레무띤 카이세르Alemuddin Kayser, 젤라레띤 무스타피Jalaladdin Mustavfi, 아타베그 아르스란도우무스Atabeg Arslandogmus, 키르세히르Kirsehir의 판사 자자오울루 누레띤Jajaoglu Nureddin, 그리고 루미의 주치의 아크마라띤 알 나흐제와니*Akmaladdin al-Nahjevani* 등이다. 또한 추종자 가운데는 무이네띤 파르와나의 부인 구르주 하툰, 글르차르슬란 4세의 부인 구마취 하툰*Gumach Hatun* 등 뛰어난 여성들도 있다.

루미 자신의 일부 표현에 의거하여, 루미가 몽골을 옹호하는 견해를 가졌다는 주장들도 있다. 하지만 루미의 몽골에 대한 언급을 전체적으로 보면, 이러한 주장들은 잘못된 것들로 보인다. 여러 표현들을 보면 루미는 직접적으로나 간접적으로 몽골의 억압을 비난하며, 몽골의 권력이 오래가지 못할 것이라는 의견을 나타낸다. 더욱이 죽음의 천사를 몰아내기 위해 죽어가는 사람 근처의 하늘에 화살을 쏘는 것과 같은, 몽골의 풍습을 비판한다. 몽골 사람들보다는 사람은 자신의 몸을 두려워 할 필요가 있다고 강조하는 루미의 언급은 수피즘의 맥락에서 이해되어야 할 것이다. 또한 몽골 사람들이 이슬람을 받아들일 것이라는 루미의 예측은 머지않아 실현되었다. 몽골의 침입으로 인해 13세기는 정치적으로 재앙의 시기였다. 반면 이슬람 사상은 유지되었고 아직까지도 위대한 사상가들이 있었으며 수피들은 교육을 받았다. 루미는 당시의 정치가들 뿐 아니라 많은 유명한 학자들과 지도자들을 만났다. 이들과의 친교의 정도는 다양하다. 다음의 사람들은 그들 가운데 중요 인물들이다.

무히띤 이븐 아라비*Muhyiddin Ibn Arabi*(1241년 사망):
그의 작품인 『푸수스 알 히캄*Fusus al-Hikam*』과 『푸투하트 알 마키야*Futuhat al-Makkiya*』는 수피 문학의 고전에 속한다. 아마도 이븐 아라비는 자신의 기발한 관점과 끼친 영향을 생각할 때 루미와 유일하게 비교될 수 있는 위대한 수피일 것이다. 수피들 가운데 루미는 극단에 이르는 사랑의 대표자이다. 상대적으로 말하면, 이븐 아라비는 루미와 비교하여 보다 더 체계적인 성격을 갖고 있으며, 철학가들에 대해 보다 관용적인 태도를 갖고 있다.

한 사람은 사랑의 목소리, 다른 한 사람은 논리의 목소리를 대표하는 이 두 명의 유명한 수피 지도자들은 자신들로부터 흘러나와 커다란 두 개의 강을 이루며, 이후의 추종자들을 통하여 이슬람 세계에서 지속적인 영향을 끼치고 있다. 치티크W. Chittick에 따르면, 루미이후 세대에서『마스나위』의 주석가들은 아 두 수피 사이의 개인적인 차이들을 무시하고 있으며, 이븐 아라비가 이미 만들어진 체계를 제시하기 때문에 이븐 아라비의 사상을 자신들의 토대로 삼는다(치티크, 718). 이 두 수피는 같은 세기를 살았지만 이들 작품을 비교해보면 유사성이 실제로 거의 나타나지 않으며, 서로 거의 영향을 주지 않은 것처럼 보인다. 샴스는 자신이 루미로부터 배운 것에 대해 논평하면서 이븐 아라비에게 "나는 루미에게 많은 것을 배웠으며, 당신으로부터 배운 것과는 비교도 할 수 없소. 진주를 어떻게 자갈과 비교할 수 있겠소?"(괼프나를르, 52)라고 말했다. 이 발언을 통해 샴스가 다마스쿠스에 있었을 때, 샴스는 이븐 아라비 곁에서 아주 많은 시간을 보냈지만 이븐 아라비를 아주 좋아하지 않은 것을 이해할 수 있다.『마칼라트』에 있는 샴스의 말들을 보면 때때로 샴스는 이븐 아라비와 논쟁을 벌이고 이븐 아라비를 비판했음이 증명된다(괼프나를르, 52-3). 또한 루미가 다마스쿠스에서 교육을 받을 때, 루미는 이븐 아라비가 당시에 아직 살아있었기 때문에 이 위대한 수피를 틀림없이 만났을 것이다. 이븐 아라비가 자신의 푸수스 알 히캄에서 신적인 사랑을 얘기하면서 루미의『디와니 카비르』(5:2127)에 있는 이행시를 사용하고 있는 점이 이 사실을 뒷받침해준다.

> *나는 사랑하는 사람이 되었고 모든 사람들이 이걸 아네*
> *하지만 그들은 내가 사랑하는 그 분이 누군인지를 알지 못했네*

반면 수피의 정신세계에서 자연스럽게 대비되는 점을 제외하면, 이븐 아라비의 루미에 대한 영향은 추적할 수 없다. 루미의 절친한 친구였던 사드레딘 코네위가 아마도 루미를 이븐 아라비의 사상에 친숙하게 만든 통로였음에 틀림없다(Sefik Can, 337–43).

사드레딘 코네위 Sadreddin Konevi(1274년 사망):
사드레딘 코네위는 이븐 아라비의 양자이며 후계자이다. 아라비의 어려운 사상을 이슬람의 신앙에 맞는 맥락으로 정확하게 해석하는 데 있어 코네위는 핵심적인 역할을 했다. 『하디스』의 연구에서 당대에 선도적인 학자였던 코네위는 콘야에 이슬람 학교 뿐 아니라 수도자 숙소도 갖고 있었다. 처음에 그는 루미에 대해 의심이 많았으나, 나중에는 루미를 공경하는 사람이 되었다. 과거에 살았던 두 스승들과 루미를 비교하는 그의 표현, "주나이드 알 바그다디Junayd al-Baghdadi와 바이에지드 알 비스타미Bayezid al-Bistami가 오늘 살아 있다면, 그들은 루미의 안장 덮개를 붙잡았을 것이다"는 그가 루미에게 얼마나 가치를 두었는지를 보여준다. 루미가 사드레딘을 자신의 장례 기도를 이끌도록 선택한 것도 루미의 사드레딘에 대한 사랑을 보여준다.

쉬라즈Shiraz**의 쿠트베딘 마흐무드**Qutbeddin Mahmud(1310년 사망):

카제룬Kazerun출신이지만 이븐 시나Ibn Sina 약학 학교를 대표하는 주요 인물이다. 또한 그는 호자 나스레딘 투시Hodja Nasiruddin Tusi로부터 천문학과 수학을 배웠다. 나중에 그는 시바Siva의 대법관사가 되었다. 아프라키는 쿠트베딘 마흐무드가 콘야에서 루미를 만나 제자가 되었다고 얘기한다.

파흐레딘 이라키 Fakhreddin Iraqi(1289년 사망):
헤메단Hemedan출신이다. 자신의 스승인 사드레딘 코네위와 함께 이븐 아라비의 『푸수스 알 히캄』과 『푸투하트 알 마키야』를 연구했으며, 이들로부터 영감을 받아 『라마아트Lamaεt』를 집필했다. 아프라키에 따르면, 때때로 그는 루미와 함께 세마를 함께 했으며, 황홀경에 빠지기도 했다. 자신의 보호자인 파르와나 살해당했을 때, 그는 이집트로, 다음은 다마스쿠스로 갔으며, 다마스쿠스에서 죽었다.

나즈메딘 라지 Najmeddin Razi(1256년 사망):
보통 "다이아Daya"로 알려졌으며, 레이Rey시 출신이다. 위대한 지도자인 나즈메딘 쿠브라Najmeddin Kubra의 후계자이다. 몽골의 침입을 피래 콘야로 와서 알라딘 카이쿠바트의 환대를 받았으며, 사드레딘과 함께 가끔씩 루미의 회합에 참석하였다.

바하에딘 카니 Bahaeddin Kani(1273년 경 사망):
셀주크의 역사인 『셀주크나마Seljuknama』와 운문으로 된 『카릴라 바 딤나Kalila wa Dimna』의 번역, 두 작품으로 주로 유명하다. 개방적인 성격의 사람이 아닌 것으로 알려져 있다. 자기 친구들과 함께 루미 곁에서 사나이Sanai가 『꾸란』의 구절들을 자기 구절들처럼 사용

제 1장 사랑과 지혜의 삶 79

하는 것을 비판하면서 사나이를 무슬림이 아니라고 까지 말했다. 이 이야기를 들은 루미는 화가 나서 카니를 꾸짖으면서, "사나이를 무슬림으로 안 본다고? 사나이가 어떤 무슬림인지를 알면 너무도 놀라 터번을 벗어 던질 건가? 그가 무슬림이 아니라면, 그러면 자네는?" 카니의 시를 보면 카니가 루미를 얼마나 사랑했는지 알 수 있다.

우르미아Urmiya의 시라자띤Sirajaddin(1283년 사망):

당시의 가장 유명한 학자중의 한 사람으로서 『마타일 알 안와르 Matail al-Anwar』라는 제목의 유명한 논리학 책을 썼다. 시라자띤은 말년을 콘야에서 보냈다. 처음에는 루미에 대해 반대했으나 나중에 루미의 위대함을 깨닫게 되었다.

인디아India의 시피이예띤Sifiyyeddin(1315년 사망):

콘야에서 공부를 마치고 다마스쿠스에서 판사가 되었다. 루미 자신의 말에 따르면 시피이예띤이 자기 지식을 과시했기 때문에 루미는 좋아하지 않았다. "시피이예띤의 영혼은 어린이들을 위한 칠판과 같이 검기 때문에, 시피이예띤의 가슴을 정화하는 일은 70명의 우상숭배자들을 이슬람으로 개종시키는 일보다 더 어렵다". 하지만 나중에 술탄 왈라드의 요청에 따라 루미는 시티이예띤을 제자로 받아들였다.

쉬라즈Shiraz의 지도자 사디Sadi(1292년 사망):

자신의 작품, 『귤리스탄Gulistan과 보스탄Bostan』으로 유명한 시인이다. 아나톨리아에 몇 번 왔으며, 아마도 루미도 만났을 것이다. 아프라키에 따르면, 사디가 유명한 시인인 샴세띤 힌디Shamseddin

*Hindi*에게 훌륭한 시를 소개해달라고 요구하자, 루미의 이행시를 보내주었다고 한다. 귤리스탄에 나오는 부유하지만 절약하는 지도자가 루미를 나타낸다는 주장도 있지만, 실제로는 맞지 않는다(푸루잔파르, 160-81).

이들 이외에도 루미를 만나고 루미의 대화에 참가한 다른 사람들도 있다. 하지 무바라크 하이다르*Haji Mubarak Haydar*, 쉬라즈*Shiraz*의 쿠트베띤*Qutbeddin*, 타브리즈*Tabriz*의 후마무띤*Humamuddin*, 호자 레쉬두띤*Hodja Reshiduddin* 등이 그들에 포함된다. 또한 아나톨리아 터키 시단의 유명한 선도 인물들인 유누스 에므레*Yunus Emre*와 하지 베크타쉬 윌리*Haji Bektash Veli* 등도 루미를 방문했다. 특히 루미는 유누스 에므레에게 강한 영향을 미쳤다는 연구도 있다(Sefik Can, 355).

메블레비 교단과 세마

루미의 사상과 추모에 기반을 둔 메블레비 교단은 루미의 사후에 설립되었다. 루미의 장남인 술탄 왈라드가 메블레비 교단을 수피 교단의 하나로서 제도화 시켰다. 훌륭한 조직자로서 술탄 왈라드는 메블레비 수피 숙소를 콘야 뿐 아니라 아나톨리아의 많은 다른 곳에도 세웠다. 교단은 오스만 시대에 확산을 거듭했으며, 거의 모든 주요 도시에 메블레비 숙소가 있었다. 아나톨리아, 발칸, 아랍 지역에 걸쳐 전체에 114개의 메블레비 숙소가 있었다. 그들 중 주요 도시들은 콘야, 아피온*Afyon*, 쿠타흐야*Kutahya*, 마니사*Manisa*, 무그라*Mugla*, 에스키쉐히르*Eskishehir*, 부르사*Bursa*, 데니즐리*Denizli*, 이스탄불

Istanbul, 안테프*Antep*, 디야르바크르*Diyarbakir*, 우르파*Urfa*, 아다나*Adana*, 앙카라*Ankara*, 요즈가트*Yozgat*, 카스타모누*Kastamonu*, 시바스*Sivas*, 살로니카*Salonica*, 벨그라드*Belgrade*, 보스니아*Bosnia*, 카이로*Cairo*, 메카*Mecca*, 메디나*Medina*, 다마스쿠스*Damascus*, 알레포*Aleppo*, 타브리즈*Tabriz*, 레프코사*Lefkosa* 등이다.

메블레비 숙소는, 단상*mashke* 위에서 춤을 추는 방법을 배우는 수도자들의 학교이다. 더욱이 이들은 길거리에서 물건을 팔거나 만드는 일을 하면서 숙박을 충당한다. 사실 초심자로서 1001일 과정을 완성시키기 위해서 18가지의 다양한 일을 수행해야 한다. 이러한 봉사의 일들 외에도, 자신의 능력에 따라 붓글씨, 조각, 타일 그림, 음악 등과 같은 예술을 배워야 한다. 1001일을 성공적으로 마친 사람에게는 "Dada"라는 칭호가 주어지고, 방이 배정된다. 이러한 일반적인 수련이외에 세마를 배우는 수도자들은 1001일의 과정을 마치기 이전에 교단의 전통도 습득하여야 한다.

메블레비 교단의 성립과 더불어 『마스나위』의 독송도 하나의 과정으로 만들어졌다. 수도자 숙소나 모스크에서 『마스나위』의 독송과 해설을 책임진 사람들을 '마스나위한*Masnawihan*'이라고 부른다. '마스나위한'들은 콘야에서 체레비나, 다른 '마스나위한'의 승인을 받아야 한다. 파샤 다마트 이브라힘*Damat Ibrahim*은 자신의 학교에서 『마스나위』의 연구를 필수로 삼았다. 19세기에 『마스나위』 센터들이 세워져 메블레비 교단 소속이 아닌 사람들에게도 『마스나위』를 배우게 하였다.

『마스나위』와 『디완』 모두에서 볼 수 있듯이, 루미는 세마를 매우 강조하였다. 루미에게 "세마는 사랑하는 사람들의 음식이다. 왜냐하면 하느님을 만나는 꿈이 세마에 있기 때문이다." 루미의 다음

시는 그가 세마를 어떻게 평가하는지를 보여준다.

> 세마가 무엇인지, 아세요?
> "네"라는 소리를 듣는 것,
> 자신과 헤어져 주님을 만나는 것,
> 친구인 그분의 상태를 보고 아는 것,
> 신의 베일을 통해서, 주님의 비밀을 듣는 것.
> 세마가 무엇인지, 아세요?
> 존재를 잊고 궁극적인 불멸함 속에서 영원함을 맛보는 것.
> 세마가 무엇인지, 아세요?
> 육체 안의 영혼과 투쟁하여 반쯤 죽은 암탉처럼 땅위를 나는 것
> 세마가 무엇인지, 아세요?
> 예언자 야곱의 치료를 느껴서 치마의 향내를 맡아 예언자 야곱이 오심을 알아차리는 것
> 세마가 무엇인지, 아세요?
> 예언자 모세의 수행자들처럼, 파라오 마술사들의 간계들을 집어삼키는 것.
> 세마가 무엇인지, 아세요?
> 타브리즈의 샴스처럼 가슴을 열고 신의 빛을 보는 것.
> (Sefik Can, 264)

술탄 왈라드와 시파흐사라르가 언급한 바와 같이, 루미 자신은 샴스를 만나기 이전에는 세마를 직접 하지 않았거나 세마에 많은 관심이 없었다. 언제 또는 어떻게 루미가 세마를 했는지에 대해 구체적인 정보가 없지만, 그가 수피 숙소, 집, 시장에서, 어떤 때는 강의

중에도 어떤 때는 법률 해석을 줄 때도, 언제나 신의 사랑에 영향을 받아, 여러 번 세마 수행을 시작했다고 알고 있다. 살라하띤의 보석 가게에서 금을 두드리는 망치 소리를 듣고 빙글빙글 춤을 추기 시작한 것은 우리가 이미 언급한 바 있다. 아프라키에 따르면, 루미는 셀주크 왕궁과 인근 여러 도시에서 많은 사람들과 함께 여러 대형을 갖추어 세마를 했다. 이렇게 자연스럽고 정형화 되지 않은 세마는 술탄 왈라드 시대와 그 이후의 세대에도 지속되었다. 하지만 오래지 않아 세마는 체계화된 의식이 되었다. 괼프나를르에 따르면, 39년 동안 메블레비 지도자였던, 피르 아딜 체레비*Pir Adil Chelebi*(1460년 사망)가 오늘날과 같은 형식으로 세마를 만들었다고 한다(괼프나를르, 1963, 48).

세마의 상징들

복장에서부터 세트 행위까지 오늘날 보는 세마의 모든 것들은 상징적인 의미를 갖고 있다. 세마를 위한 원 모양의 바닥은 우주를 나타낸다. 지도자를 위해 놓인 붉은 덮개는 해가 질 때 루미 죽음의 목격과 동시에 신과의 재회를 의미한다. 현실적인 죽음이전에 자신을 죽이는 것을 나타내기 위해서, 수도자는 무덤의 비석을 나타내는 뿔 모양의 펠트 모자[2]를 쓴다. 같은 목적으로 수의를 나타내는 흰 색 옷*tennureh*을 입는다. 흰 옷 바깥에 입는 검은 옷은 육체적인 자아를 나타낸다. 세마를 시작하기 전에 수도자는 육체적 자아인 이 옷을 벗어 뒤에 놔두고 순수함을 향해서 걸어 나간다. 어깨 위로 두 손을

---

2) 모직이나 털을 압축해서 만든 부드럽고 두꺼운 천으로 된 모자

교차시키는 것은 신의 유일함에 대한 깨달음을 나타낸다. 팔을 옆으로 벌리고 오른쪽에서 왼쪽으로 도는 것은 자신의 온 가슴으로 우주를 품에 안는 것을 상징한다. 손바닥을 든 오른 손은 신이 있는 하늘을, 바닥을 향한 왼 손은 사람들을 향한다.

세마 의식은 이트리 *Itri*(1712년 사망)가 작곡한 예언자의 찬가인

플루트 *ney*

수피 바이올린 *rabab*

세마의 모습

나아트*Naat*와 함께 시작한다. 낙타 가죽으로 만든 북인 쿠둠*Qudum*의 쿵쿵거리는 소리는 우주 창조 때에 'Kun'(있으라!)이라는 신의 명령을, 반면 네이 소리는 인간에게 불어 넣는 신의 숨을 나타낸다. 이런 다음 세마를 추는 사람들*Samazans*은 지도자를 뒤로 하고 앞으로 걸어 나와 세 번 도는데, 이것은 앞으로 할 정신적인 여행의 서곡이다. 자신들의 육체적 자아를 표현하는 검은 옷을 벗어버린 다음, 이들은 지도자에게 절을 하면서 허락을 받고 정신적인 여행인 세마를 시작한다. 세마에서 네 번의 인사는 네 단계를 표시한다.

신에 대한 하인으로서 자신 위치의 인정
신의 위대함 앞에서 느끼는 경외감
신의 사랑을 향한 이 경외감의 전환과 신에 대한 완전한 헌신
신에 대해 하인이라는, 창조 목적으로의 복귀

따라서 세마는 다음과 같이 요약된다. 하인은 자신의 육체적 자아를 버리고 신 안에서 자신을 버린다. 정신적인 진전의 끝에서 하인은 신에 대해 완전히 복종하는 성숙한 사람이 되어 하인의 의무로 되돌아온다.

제2장
루미의 저작

『마스나위』

 루미는 당시 문학에서 전반적으로 통용되던 언어인 페르시아 말로 자기 작품을 썼다. 어떤 시와 편지는 아랍 말로 쓰기도 했는데, 이것은 루미가 아랍 말에 대해 깊이 통달했음을 보여준다. 더욱이 페르시아 말 옆에 터키 말을 함께 쓰는 혼합 언어(무람마 Mulamma)의 작품도 있다.

『마스나위』

 『마스나위』는 가장 잘 알려진 루미의 작품으로서 쓰여 진 당시나 이후에 끼친 영향으로 봐서 수피 문학 작품의 최대 작품 가운데 하나이다. 『마스나위』는 모두 6권으로 이루어져 있다. 술탄 왈라드 판에는 전부 25,668 개의 이행시가 있다. 현재 『마스나위』는 아랍, 페르시아, 터키 문학에서 고전에 속한다. 『마스나위』라는 말은 "두 개로 된"이라는 뜻이며, 각 이행시가 나름의 리듬을 갖는 운문으로 된 작품을 나타낸다. 이렇게 개별적으로 리듬을 갖는 체계 때문에, 『마스나위』는 같은 리듬에 집착하지 않고 긴 이야기를 표현하는 데 적당하다. 바로 이러한 이유 때문에 루미는 자신의 최고 작품을 『마스나위』로 썼음에 틀림없다. 하지만 오래 지나지 않아 『마스나위』는 너무도 유명해져서, 『마스나위』라는 말은 문학 장르가 아니라 루미의 작품을 지칭하는 말이 되었다.『마스나위』의 주석가인 안카라위 Ankaravi는,『마스나위』의 형식이 존재-비존재, 육체-영혼 등과 같이 사물에 대한 이중적 관점을 자신에게 제공해주기 때문에 루미는『마스나위』형식을 선택했다고 생각하며, 실제로 이행시들은 이런 이중적 관점을 울려주고 있다. "영혼들의 광택", "후사미나마 Husaminama", "『꾸란』의 발견자", "법학의 위대한 책" 등과 같은 이름을 루미는『마스나위』안에서 자신의 작업에 대한 또 다른 이름으로 사용한다.

앞에서 언급한 바와 같이 이 책은 후사메띤 체레비의 요구에 의해서 쓰여 졌다. 오늘날 사용 가능한 자료들을 통해『마스나위』가 대충 언제 쓰여 졌는지를 알 수 있는데, 예를 들면『마스나위』의 제2권은 아마도 1264년에 마무리 되었을 것이다. 아프라키에 따르면, 후사메띤 부인의 죽음 때문에 제1권과 제2권 사이에는 2 년간의 공백이 있다. 이 판단을 기초로 하여 아히흐 아흐메드 데데 Ahih Ahmed Dede는, 루미가 55세, 그리고 후사메띤이 37세였던 1261년 5월에 작업이 시작되었다고 추정한다. 푸룬자파르는, 제1권이 1258년과 1261년 사이에 쓰여 졌다고 믿는다. 푈프나를르는 제1권의 마지막 행들에 주목하여, 아바시드가 칼리프를 상실한 1258년 이전에, 제1권이 쓰여 졌다고 평가한다. 따라서 제1권과 제2권 사이에는 6년의 공백이 있게 된다. 처음 두 권과는 달리, 나머지『마스나위』는 공백 없이 쓰여 졌다. 사히흐 아흐메드는 마지막 권은 1268년에 끝났다는 견해를 갖고 있다. 요약하면,『마스나위』전체 저작은 8년에서 10년이 걸려 완성되었다.

『마스나위』의 집필 과정에 대해 루미 자신이 자세한 설명을 하고 있다. 루미 자신은 실제로 펜을 들어 종이 위어 적지 않았고, 어떤 책도 참고하지 않았던 것으로 이해된다. 학교로부터 목욕탕에 이르기까지 자신이 있었던 거의 모든 곳에서, 루미는 『마스나위』를 받아 적게 했다. 어떤 때는 며칠 동안 쉬기도 하고, 어떤 때는 단 몇 행만 말하기도 했다. 때로는 쓰는 작업이 아침까지 계속되어서 후사메띤이 잠을 잘 수 없었다. 이럴 때 루미가 뭔가 먹고 있을 때, 영감이 흐려지기도 했다. 각 권이 끝난 다음, 후사메띤은 자신이 적은 것을 루미에게 읽어주어 교정을 받았다. 루미는 보답으로 이렇게 열심히 일하는 제자를 하느님으로부터 온 빛이라고 칭송하면서, 『마스나위』를 후사메띤에게 헌정하였다. 각 권이 끝난 다음 서문과 제목은 빨간 색 잉크로 적었다. 이 일은 루미 자신이 주문했다. 아프라키에 따르면, 술탄 왈라드와 다른 몇 명의 사람들이 후사메띤의 쓰는 작업을 도왔다. 또한 아히흐 아흐메드 데데에 따르면 제6권의 세 왕자 이야기는 술탄 왈라드가 완성했다. 하지만 지금 보는 이 이야기는 아직까지 완성되지 않은 상태이다.

　『마스나위』는 루미의 천재성이 표현된 독창적인 작품이다. 하지만 문체와 내용 면에서 보면, 사나이나 앗타르를 포함하는 계보의 연속으로 볼 수도 있다. 언어와 시에서 자신의 남다른 능력에도 불구하고, 루미는 자신의 감정과 열정을 표현하지 못하는 자신의 무능함에 불만을 갖고 있다. 루미에 따르면, 시를 짓는 일은 더 이상의 좋은 선택이 없을 정도로, 반드시 써야만 하는 표현의 방법 이상의 것이 아니다. 낱말은 의미를 충분히 담을 수 없다고 그는 지적한다. 그러나 또한 의미를 나타내길 원한다면 시나 이야기라는 수단의 사용은 불가피하다고 덧붙인다(『마스나위』, 제4권, 160).

　각 권의 서문에 주제가 요약되어 있다. 예를 들어 제1권 서문에는 이슬람의 율법, 수피즘, 진리와 같은 주제들이 나타난다. 목욕재계,

기도하는 사람들에 대한 관찰, 단식, 등과 같은 실천을 통해서, 초심자가 진리를 향해 가기 위해 택하는 길이 제시돈다. 루미는 자유롭게 썼으며, 자신이 이야기하는 방법들 속에서 우화나 재미있는 이야기들을 주저 없이 사용하였다. 그렇게 하는 이유를 이렇게 설명한다.

나의 모든 이행시는 지혜의 나라,
모든 이야기들이 교훈을 주네.

시파흐사라르의 주장에 따르면, 『마스나위』가 그저 시처럼 보일지라도, 『마스나위』는 『하디스』 이해의 핵심인 『꾸란』에 대한 성찰과 근본적인 진리들의 핵심 등 수피들의 지침인 신의 단일성에 대한 비밀을 간직하고 있다. 루미 스스로 『마스나위』를 『꾸란』의 내적 의미를 분명히 해주는 해설자로 묘사한다. 『마스나위』를 연구해보면 이런 묘사가 증명된다. 950 개의 주제 가운데 50개 이상이 『꾸란』의 구절들이고 53개는 『하디스』이다. 『하디스』나 『꾸란』에 대한 직접적인 언급은 많지 않지만, 『꾸란』이나 『하디스』는 언제나 영감의 원천이다. 결론적으로 우리는, 『마스나위』는 정신적인 진보를 목표로 하는 수피 작품들 가운데 가장 빛나는 작품이라고 말 할 수 있다.

다양한 판본과 번역본들

오늘날 우리에게 전해지는 『마스나위』의 가장 오래된 판본은 콘야의 루미 박물관에 있다. 이 판본은 술탄 왈라드의 판본으로서 "아이템 번호 51"로 등록되어 있으며, 술탄 왈라드의 수도자 중의 한 사람인 콘야 출신의 무함마드 빈 압둘라 *Muhammad bin Abdulla*가 루미가 서거한 지 5년 후에 썼다. 이 판본에는 25,668개의 이행시가 있으며, 후사메띤 체레비의 초고에 토대를 두고 있다. 이 초고의 영인본을 1993년 터키 문화부가 출판하였다. 일부는 32,000 개의 이행시까지 이르는, 이란과 이라크에서 출판된 훨씬 더 두꺼운 판본들은 루미의 다른 시들까지 포함시켜 만들었다고 생각되며, 신에게 자기 자신을 완전히 복속시킨 비견할 데 없는 이 루미의 진정한 모습에 의문을 갖게 한다.

세계의 다른 곳에서 『마스나위』에 대한 여러 번역본과 주석서들이 출판되었다. 아나톨리아에 알려진 첫 번째 번역가인 귤쉐흐리 *Gulshehri*는 자신의 작품인 『팔라크마나*Falakmana*와 만티쿠트 *Mantiqut*』에 『마스나위』로부터 뽑은 이야기들을 다소 포함시켰다. 『마스나위』에 대한 첫 번째의 완벽한 주석서는 16세기의 웅변술 학자인 페르시아 사람 수누리*Sunuri*가 썼다. 반면 수디*Sudi*와 사미 *Sami* 같은 주석가들은 터키 말로 책을 썼다. 하지만 가장 광범하고 평가 받을 만한 작업은 이스마일 안카라위*Ismail Ankaravi*가 수행했다. 그의 작품인 『마즈무아툴 라타이프*Majmuatul Lataif*』에서 안카라위는 푸투하툴 마크키아*Futuhatul Makkiya*를 원용했다. 초판이 1806년 카이로에서 출판되었으며, 아랍 말로 번역되기도 했다. 안카라위 작업의 주요 문제점은 최종적으로 7권으로 되어 있다는 점이다. 『마스나위』에 대해 터키나 이란에서 많은 연구가 있기도 하다.

서양에서 『마스나위』의 연구 역사는 아주 길다. 우리가 아는 가장 오래된 연구는 윌리암 존스 경*Sir William Jones*(1794년 사망)의 첫 번 18개 구절의 번역이다. 첫 번째 프랑스 말 번역은 쟈크 반 왈렌부르그*Jacques van Wallenbourg*(1806년 사망)가 했으나 1799년 페라*Pera*의 대화재 때에 원본이 소실되었다.

독일에서 『마스나위』에 대한 관심을 일으키는데 중요한 역할을 한 사람은 틀림없이 괴테Goethe이다. 괴테는 페르시아 시에, 특히 하피즈Hafiz의 작품에 관심을 가졌다. 그는 또한 루미에 대해 몇 줄 적고 있다. 하지만 쉼멜Schimmel에 따르면 루미에 대한 괴테의 지식과 이해는 부족하다. 반면 『파야마 마수리크Payama Masuriq』라는 아름다운 시집을 쓴 무함마드 이크발Muhammad Iqbal은 많이 이해했는데, 루미와 파야마, 이 두 시인의 가장 깊은 사상은 기본적으로 일치한다(쉼멜, 2002, 28). 함멜Hammel이 처음으로 『마스나위』를 독일 말로 번역했다. 하지만 번역의 정확성에도 불구하고 건조한 표현은 원문의 아름다움을 반영하지 못하고 있다고 쉼멜은 비판한다. 하지만 뤼케르트Ruckert는 함멜의 번역에서 루미의 빛을 보았다. 뤼케르트는 자신이 읽은 부분에서 감동을 받아 "메블라나 젤랄루딘"이라는 필명으로 거의 60편의 시를 써서 루미에게 헌정했으며, 루미를 "서양에 떠오르는 신비의 태양"으로 묘사했다.

　에드워드 헨리 윈필드Edward Henry Whinfield는 여러 권에서 뽑은 3,500 개의 이행시를 영국 말로 성공적으로 번역했다. 서양에서 『마스나위』 전체에 대한 첫 번째 번역은 레이놀드 니콜슨Reynold Nicolson 덕택이다. 나중에 니콜슨의 제자인 아더 존 아르베리Arthur John Arberry가 이 작업에 기여를 했다. 전체에 대한 두 번째 영어 번역은 굽타M. G. Gupta에 속한다. 헬무트 리터Helmut Ritter, 한스 마인케Hans Meinke, 얀 리프카Yan Rypka, 안마리 쉼멜Annemarie Shimmel, 카베흐 다리르 아자르Kaveh Dalir Azar, 그리고 에바 드 비트레 메예로비치Eva de Vtray-Meyerovitch 등도 『마스나위』의 번역에 의미 있는 기여를 하였다. 부분적으로나 전체적으로 『마스나위』는 영국 말, 프랑스 말, 이탈리아 말, 스페인 말, 일본 말, 보스니아 말 등 여러 언어로 번역되었다.

　이와 함께 대중적으로 적용한 사례들도 있다. 콜만 바크Coleman Barks는 수피의 메타포들을 세속화시키지만 그의 적용은 특기할 만 하다. 더욱이 카비르Kabir와 카밀 헬민스키Camille Helminski의 번역 이나 적용은 미국에서 특별한 관심을 불러 일으켰다.

『디와니 카비르』(샴스의 디완DIVAN)과 다른 작품들

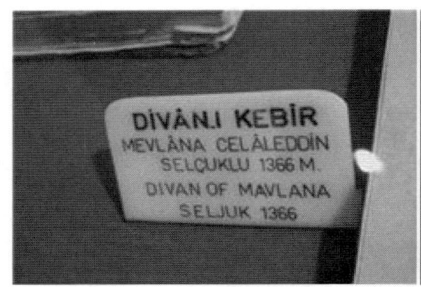 

디와니 카비르

　루미의 영원한 영감을 볼 수 있는 방대한 작품은 『디와니 카비르』이다. "시의 대모음집"이라는 뜻의 제목이 붙여진 이유는 보통의 "디완"(시 모음집)보다 이 작품이 8배에서 10배 정도 더 많은 방대한 양 때문이다. 이 작품에 있는 대부분의 시들은 루미가 세마를 하는 동안 즉흥적으로 말한 내용이다. 나중에 다른 사람들이 이 시들을 적어서 21개의 작법 형태aruz에 따라 분류하였다. 자신이 말하게 영감을 준 사람은 바로 샴스라고 루미는 생각했다. 따라서 그는 이 작품의 이름을 "샴스의 디완"이라고 붙였다. 다른 가잘ghazal[3]에서 루

---

3) 각 행의 운(韻)이 같은 6행 내지 26행으로 되는 페르시아의 서정시.

미는 자신의 충실한 친구들인 살라하띤 자르쿠비와 후사메딘 체레비 같은 이름들을 사용하였다. 아주 몇 안 되는 시에서 루미는 "하무쉬Hamush"라는 필명을 사용하였다. 자신의 『디와니』와 『마스나위』는 모두 페르시아 말로 썼고, 아랍 말이나 그리스 말로 쓴 시도 조금 있다. 루미는 자유롭게 흐르는 영감에 따라 즉흥적으로 시를 읊었다. 시를 쓰는 데 한계를 제시하는 모든 장애물을 거부하면서 루미는 리듬이나 박자 같이 자신을 억압하는 규칙들에 불만을 나타냈다. 그의 어떤 가잘은 80행이나 90행에 이르기도 하지만, 고전적인 다른 어떤 가잘에서도 거의 볼 수 없는 일체성을 유지한다.

위대한 지식과 지혜의 작품이지만, 루미의 시에 있는 지역적인 요소는 시가 쓰여 진 당시의 시대를 보여주는 풍부한 재료들도 담고 있다. 예리한 관찰자인 루미는 자신의 스쳐가는 생각을 통해서 자기가 살았던 시대의 전통, 신념, 다양한 삶의 모습들을 훌륭한 예술가처럼 묘사한다. 무타납비Mutanabbi, 사나이, 앗타르, 루가디Rugadi, 나시리 후스라브Husrav, 그리고 카이얌Khayyam 등과 같은 사람들의 시와 그의 시가 일부 비슷한 점은 루미가 이들과 친밀한 관계를 유지했음을 보여주는 중요한 근거이다. 판본에 따라 『디와니 카비르』에 들어 있는 이행시의 수는 30,000에서 50,000까지 다양하다. 학술적인 판본은 1336년 테헤란에서 푸루잔파르가 출판하였으며, 8권에서 1,765 개의 4행시를 수집하였다.

『피히 마피흐』

루미의 대화는 술탄 왈라드와 상당수의 다른 제자들이 기록하였다. 『피히 마피흐』는 이런 기록들을 루미가 서거한 다음 모은 책이다. 75개의 장-어떤 판본에서는 76개-에서 6개의 장은 아랍 말로 되어 있으며, 나머지는 모두 페르시아 말로 되어 있다. 이 책은 설교, 질문과 대답으로 구성되어 있다. 주제는 『마스나위』와 비슷하며, 푸루잔파르가 이란에서 출판하였다.

『마잘리시 사바Majalisi Saba』(7 가지의 충고)

이 책은 루미의 설교와 조언 모음집이다. 이 작품에서 루미는 『꾸란』과 『하디스』의 일부 구절들을 설명한다. 사나이와 앗타르와 같이 유명한 시인들의 시, 『마스나위』에 있는 몇몇 이야기, 그리고 『디와니 카비르』에서 뽑은 시들도 들어 있다.

『마크투바트Maktubat』(루미의 편지들)

제목이 나타내듯이, 여러 가지 이유로 다른 사람들에게 쓴 루미의 편지 모음집이다. 자기 친척, 자녀들, 수도자들에게 쓴 것도 있지만, 대부분은 필요한 사람들에게 도움을 청하려고 당국자들에게 썼다. 이 모음집의 가장 믿을 만한 판본은 1992년 타으피크 수바니 Tawfik Subhani가 출판하였다.

이들 책 이외에도 루미가 모았다고 생각되는 두 권의 기도 책이 있는데, 그것은 『아와라디 카비르Awradi Kabir』와 『아브라디 사기리 하즈레티 메블라나Awradi Saghiri Hazreti Mevlana』(1885)이다.

루미와 『마스나위』에 대한 찬사들

루미
우리의 『마스나위』는 하느님이 한 분이심을 보여주는 가게이다,
가게에서 보는 한 분 이외의 모든 것은 거짓-우상이다.

몰라 자미
아침과 저녁에 『마스나위』를 읽으면 누구나,
지옥 불로부터 안전할 것이다.

무함마드 이크발
루미는 완전한 사랑 그리고 열이다,
그리고 나는 이 불의 재이다.

하리파 아브둘 하킴
"수피의 책들이 같은 철학을 공유하지만,
루미의 느낌과 감각은 다른 모두에 비교할 수 없이 우월하다."

브라운 E. Browne
루미는 모든 수피 시인들 가운데 가장 위대하며, 『마스나위』는 모든 시대에 걸쳐 최고의 시집으로 불릴 자격이 있다.

조셉 폰 햄머
갠지스 강둑에서 보스포러스 해안에 이르기까지 『마스나위』는 모든 수피들의 필수품이다.

레이놀드 니콜슨(죽기 전 자신의 침대에서 남긴 마지막 말)
루미, 이제야 당신을 더 잘 이해하오.

아르베리
루미 작품에 내 나머지 인생을 바칠 것이다. 우리 시대의 질병을 위한 정신적인 치유와 위안을 루미 속에서 발견할 수 있다.

이렌느 메리코프
세계의 모든 나라가 루미의 작품을 자기 말로 번역해서 읽으면, 세상에는 전쟁, 원한, 또는 증오가 없을 것이다.

바레스
나의 흥분을 참을 수 없었다. 루미가 말하는 신의 사랑을 느끼고 루미 시의 멜로디를 듣기 위해서 수도자 숙소, 세마 공연장, 그리고 루미의 무덤을 찾아 나섰다.

동서양 모두에 루미에 대한 다양한 연구가 있다. 그 가운데 특기할 만한 것들은 다음과 같다.

John Renard, All the King's Falcons: Rumi on Prophets and Revelations, New York, 1994

Afzal Iqbal, The Life and Work of Jalaluddin Rumi, Pakistan, 1999

Reza Arasteh, Rumi, the Persan, the Sufi, London, 1974

Franklin D. Lewis, Rumi, Past and Present, East and West: The Life, Teachings, and Poetry of Jalal al-Din Rumi, Oxford, 2000

Jalal Humai, Malawinama: The Thoughts and Ideas of Mawlana, Tehran, 1983

Khalifa Abdul Hakim, The Metaphysics of Rumi: A critical and historical Sketch, Lahor, 1965

Annemarie Schimmel, The Triumphal Sun: A Study of Works of Jalaladdin Rumi, London, 1980

　　　　　　　,I Am Wind, You Are Fire: The Life and Works of Rumi, Boston, 1992

William C. Chittick, The Sufi Doctrine of Rumi: An Introduction; The Sufi Path of Love: The Spiritual Teachings of Rumi, Albany, 1983

Kirsh Khosla, The Sufism of Rumi, Longmead, 1987.

루미를 들어라

들어라,
『마스나위』와 루미를,
너 자신에 대해 너에게 얘기해주는 네이를.
네이를 들어라,
『마스나위』와 루미를 –
네가 아는 목소리들이 아니다.
네가 어디서 왔고 어디로 가고 있는 지를 이해하라,
그리고 사람으로 있다는 뜻을 알라.
네이를 들어라,
『마스나위』와 네이를 들어라,
가슴으로부터 오는 소리들을 듣기 위해,
너에게 말할 것이다, 성령처럼:
"너 또한 마리아이다, 제발 들으시오,
그리고 네 영혼 안에 불어 들어온 예수를 낳으시오."

제3장
비유 이야기를 통한 루미의 이해

우리가 어느 시대를 살건 간에 그 중요성을 결코 잃지 않는 기본적인 몇 가지 질문들이 있다. 나는 누구인가? 나는 어디로부터 왔으며, 그리고 어디로 가고 있는가? 누가 나를 이 세상에 보냈으며, 보낸 사람은 나에게 무엇을 요구하는가? 등이다. 『피히 마피흐』에서 인용하는 다음의 문장들은 이와 같은 질문들에 대해 대답을 해주고 있는 것 같다.

이 세상에는 우리가 잊어서는 안 되는 오직 한 가지가 있다는 것을 우리는 알 필요가 있다. 당신이 신을 잊지 않는 한 모든 것을 잊어도 두려워하지 말라. 하지만 당신이 모든 것을 하지만 그 분을 잊는다면, 당신은 아무 것도 하지 않은 사람으로 여겨질 것이다. 이것은 다음과 같은 비유로 설명될 수 있다. 어떤 일을 완수하라고 지배자가 당신을 어떤 지역에 보냈는데, 당신은 그 기본적인 의무를 게을리 하는 대신 다른 많은 일을 했다면, 당신이 한 모든 일은 소용이 없다. 인간이 이 세상에 온 것은 어떤 일을 위해서이다. 만약 당신이, '나는 내 의무를 완수하지 않고 있지만 다른 많은 일을 하고 있소, 맹세하오!' 라고 말해도 당신은 그런 다른 일을 위해 창조되지는 않았다.

루미의 작품에서 우리는 이들 질문들에 대한 대답을 찾기 위한 정신적인 여행으로 초대 받는다. 여행의 일부는 우리의 내부 세계와 관련되지만, 다른 부분은 외부 세계와 관련된다. 시대를 넘어서는 대답들을 위한 초대에 응하여 길을 따라가 보자. 어떤 상상속의 초심자들, 수피 지도자들에게 우리는 질문을 던질 수 있다. 그러면 그들은 루미의 지혜를 통해서 우리를 도와주려고 할 것이다. 『마스나위』의 정원에 잠시 들러보자, 그런 다음 『피히 마피흐』의 샘물로 우리의 갈증을 달래보자. 그리고 때때로 『디와니 카비르』와 『마자리시 사바』에 귀를 기울여 보자.

Ⅰ. 나는 누구인가?

어떤 일의 수행을 위해 어떤 지역에 보내진 사람에 대한 위 인용문에서 나타난 문제를 생각해보자. 분명한 것은 지배자는 전능하신 신이며, 우리들은 하인들이며, 이 세상은 우리가 보내진 지역이라는 점이다. 우리의 주요 의무는 어떠한가? 이 질문에 대한 대답은 아직까지 루미의 작품 속에 그리고 특히 『마스나위』 속에 숨겨져 있다. 따라서 우리는 숨겨져 있는 대답을 발견하고 분명히 하려고 시도할 수 있다. 먼저 문제는 다음과 같이 요약될 수 있다. 즉 우리는 인간으로서 이 세상에 왔고, 우리는 예의바른 사람으로서 우리가 떠나온 영원한 거주지로 돌아가기로 되어 있다. 이것이 바로 지배자이신 그 분께서 우리에게 완수하기를 바라는 기본적인 의무임이 틀림없다. 당신들은 어디서 와서 어디로 가는지를 묻는 사람들에게 루미의 아버지인 바하 왈라드가 바그다드에서 한 간단한 대답, "우리는 신으로부터 와서 그 분께로 다시 돌아가고 있는 중이요"를 기억해보자. 왜냐하면 이 여행이야말로 유일하게 진실한 여행이며, 다른 모든 여행들도 궁극적으로는 이 최고의 여행으로 우리를 이끌기 때문이다. 바로 이 지점에서 루미의 손은 우리에게 갈 길의 지도를 가리키면서 이 여행을 통해 우리를 안내한다. 지도 위에서 루미는 가는 길 내내 새겨진 멸망의 표식을 지적하면서 진정한 인간이 가야할 길을 우리에게 안내하며, 손해와 위험을 벗어날 요령을 우리에게 알려준다. 하지만 무엇보다도 루미는 우리 스스로를 먼저 검사하기 위한 큰 거울을 손에 들고 있다. 초심자와 루미와 대화를 나누게 해보자.

- 저는 누구인가요?
- 사람입니다. 당신은 짐승인 동시에 천사입니다! 동물 같은 육

체와 천사 같은 영혼이 함께 와서 당신 안에 결합되어 있습니다. 그러니 당신은 하늘과 땅 모두에 속해 있습니다.(『마스나위』, 2:3814). 신은 천사를 창조하셨고 천사에게 이성을 허락하셨습니다. 신은 동물을 창조하셨고 동물에게 육체적 욕망을 허락하셨습니다. 그런 다음 인간을 창조하셨고 인간에게 이성과 육체적 욕망 모두를 허락하셨습니다. 당신의 이성이 당신의 육체적 욕망을 넘어서면, 당신은 천사보다 낫습니다. 그러나 당신의 육체적 욕망이 당신의 이성을 넘어서면, 당신은 동물들보다 더 낮습니다(『마스나위』, 4:59).

- 그러니 저는 본래 육체와 영혼으로 구성되어 있다는 말이죠. 하지만 서로가 서로에 대해 갖는 적당한 가치는 무엇이죠? 제가 사람이라고 불리게 할 만한 것은 무엇이죠?

- 육체와 영혼은, 지갑과 지갑이 담고 있는 금과 같습니다.

지갑의 가치는 자신이 담고 있는 금이네,
금이 없으면 지갑은 가치가 없네.

이와 같이 육체의 가치는 자신이 갖고 있는 영혼으로부터 나오고, 영혼의 가치는 영혼을 비추고 있는 신의 빛으로부터 옵니다.(『마스나위』, 3:2546).

당신의 생각 덕택에, 저들 인간은 당신을 부르지,
살과 뼈는 아무 가치가 없네.

중요한 건 정신이지 육체가 아닙니다. 보세요, 영혼이 육체를 떠나면, 사람들은 육체를 집에 있게 할 수 없고 바로 잽싸게 묻어버립니다(푸룬자파르, 126). 또한 다음과 같이 또 다른 비유를 들 수 있습니다. 당신의 상황은 진주나 물 컵과 같습니다. 모든 조개가 진주를 품을 수 없습니다. 그러니 그대여, 빛나는 껍데기에 속지 말고 바로 진주를 찾으세요. 물 컵의 장식에 얼마나 오랫동안 시간을 낭비할 겁니까? 장식을 잊어 버리고 물을 찾으세요!(『마스나위』, 2: 38).

- 사람은 진흙, 즉 흙과 물로 만들어진 것, 맞죠?

- 맞습니다. 사람은 흙과 물로 이루어져 있습니다. 하지만 성숙한 사람은 흙을 걸러낸 맑은 물과 같습니다. 맑은 물은 자갈과 돌들을 보여주고, 다른 모든 것들은 바닥에 있으면서 더 이상 드러나지도 않습니다. 맑은 물이 흙과 섞이면 흙탕물이 됩니다. 예언자나 성인들은 맑고 광대한 물 덩어리 같습니다. 흙탕물은 이들을 보고 '내 몸은 더럽지 않고 본성은 틀림없이 당신들처럼 맑을 꺼야' 라고 말하지만 이들과 함께하지 않습니다. 하지만 이렇게 작고 더러운 물들이 바다에 들어가면 순수해지고 맑아 집니다. 하지만 떨어져 있어 바다에 들어가지 않고 남아 있는 물은 더럽습니다. 더러운 물의 본질도 물입니다. 마찬가지로, 더 큰 물로부터 더 작은 물을 구별해주는 게 있는데, 그게 바로 흙입니다.(푸루잔파르, 48).

- 흙과 물…… 조개와 진주…… 한마디로 제 안에 가치 있는 것과 가치 없는 것 모두가 있단 말이군요!

- 정확합니다. 당신의 이 이중적인 본성 때문에, 당신은 가장 작은 세계인 동시에 가장 큰 세계입니다.

겉을 보면 당신은 가장 작은 세계
뜻을 보면 당신은 가장 큰 세계
(『마스나위』, 4:531)

- 사람들은 겉으로는 모두 비슷해요. 하지만 내적인 가치 때문에 사람들이 달라진다고 하지만, 그래도 사람들은 겉모습 때문에 충분히 사람으로 불리지 않나요?

- 물론 아닙니다. 정말 그렇다면, 이렇게 될 것입니다.

사람이 겉모습으로 충분하다면
무함마드와 아부 자흘도 다르지 않겠네
(『마스나위』, 1:1060)

팔, 머리, 몸이 같아 보여도
모세는 하늘에서 높지만, 파라오는 제일 낮은 사람이라네
(『마스나위』, 6,3032)

- 겉모습으로 판단을 못하면, 사람의 진짜 가치는 어떻게 알 수 있습니까?

- 어떤 것이 무엇인지를 발견하려면, 그 본질을 볼 필요가 있습

니다. 빵 모양으로 사탕을 만들어도 그것은 빵이 아니고 여전히 사탕입니다. 그것이 빵인지 사탕인지를 알려면 맛을 봐야 합니다. 눈으로는 맛을 알 수가 없습니다. 그러니 어떤 사람의 모양만을 보고는 그 사람을 사탕 같다고 생각하지 마십시오(『마스나위』, 1:2980). 한마디로, 이렇습니다.

> 비슷한 말로는 판단을 못하네,
> 이교도와 신자도 몸은 비슷하네.
> 이들의 몸은 모자를 쓴 판사들과 같네
> 물잔 두 개가 모두 장식을 가져도
> 한 잔에는 생명의 물
> 다른 잔에는 죽음의 독약이 있네
> (『마스나위』, 6, 666)

다른 말로 하면, 사람은 나무에 비교할 수 있습니다. 열매를 맺는 한 그루의 나무는 어떤 열매도 맺지 못하는 100 그루의 나무보다 더 낫습니다(푸루잔파르, 71)

— 이제까지 사람의 이중적인 성질에 대해 얘기 해왔는데요. 하지만 사람이 육체와 영혼을 모두 갖는 것이 꼭 필요하다면, 저는 한 부분을 모른 척하면서 거부를 해야 됩니까?

— 모른 척하거나 거부하는 문제가 아닙니다. 조정하는 문제입니다. 당신 안에는 예수와 예수가 타고 있는 당나귀가 있습니다. 당나귀는 물질적 존재이고 당신의 훈련받지 않은 성질과 같습

니다. 하지만 당신의 이성과 정신은 당나귀를 타고 있는 예수와 같습니다. 당신은 당나귀가 아니라 예수에 틀림없이 더 가치를 둡니다. 당나귀와 같은 당신의 자아를 예언자 예수와 같은 당신의 이성 위에 두지 마십시오. 당신의 육체를 영혼에 봉사하게 하시고 높은 이상을 추구하십시오(『마스나위』, 2: 1871). 보십 시오. 말도 눈을 가지고 있고 왕도 가지고 있습니다. 훌륭한 말은 자신의 눈으로 보지 않고 왕의 눈을 통해 봅니다. 그러니 마찬가지로, 당신의 눈은 복종심 있는 말과 같아야 합니다. 마음과 통찰의 규칙에 따라야 합니다.(『마스나위』, 2:247)

- 맞습니다. 그러나 말의 눈과 왕의 눈, 또는 육체적 자아와 논리, 이것들은 서로 언제나 갈등해야 됩니까? 언제나 평화롭게 있을 수 없지 않습니까?

- 그것은 허황된 요구입니다. 당신의 몸이 말이기 때문에 이 세상은 말의 외양간입니다. 말의 사료는 말을 탄 사람의 먹이가 될 수 없습니다. 말 타는 사람의 음식, 영양보충, 잠은 다릅니다. 하지만 당신의 육체적 자아가 당신을 넘어섰기 때문에, 당신은 계속해서 그 외양간 속에서 살고 있습니다(푸루잔파르, 24). 서로를 넘어뜨리려고 끊임없이 시도하는 육체와 영혼의 상황은 마즈눈과 그의 낙타와 같습니다.

마즈눈과 그의 낙타

마즈눈은 라일라에게 가려고 자신의 낙타를 타고 있었습니다. 마즈눈은 라일라를 그리워했으나 이 낙타는 자기가 놔두고 온 숫놈 낙타를 그리워했습니다. 마즈눈이 잠들 때마다 낙타는 고삐를 풀려고 했습니다. 그리고는 자기 애인을 보려고 즉시 돌아가 달려가고 싶어 했습니다. 이런 식으로 한참을 여행하고 난 다음, 마즈눈은 자신과 자신의 낙타가 여전히 같은 지역을 여행하고 있음을 알았습니다. 마즈눈은 깊게 한 숨을 쉬면서, '낙타야, 우리는 모두 사랑에 빠져 있구나, 하지만 우리의 사랑을 받는 대상은 서로 다르구나. 내가 재회하려면 이틀 밖에 안 걸리는데, 너 때문에 나는 이 길에 묶여서 60년을 허비 하였구나' 라고 말했습니다(『마스나위』, 4:60).

- 이 이야기는, 신이 우리에게 걱정해야 할 만한 어떤 것을 주셨다는 것을 의미하는군요. 그러면 우리는 왜 육체적 자아와 탐욕을 받은 겁니까? 이것들 뒤에 있는 지혜는 무엇이죠?

- 이것들은 당신에게 하나의 시험으로 주어진 겁니다. 이 세상은 당신에게는 시험을 치르는 장소입니다. 시험이 없다면, 누가 거칠고 누가 성숙한지를 구별할 방법이 없을 것입니다. 적 없이 싸움이 있을 수 있습니까? 우리의 길을 막는 낙타의 욕망이 없다면, 신에 대한 복종은 평가 받지 못합니다. 그러니 자신을 수도자처럼 거세하지 마십시오. 그 대신, 탐욕에도 불구하고 계속 순결하도록 노력해야 합니다.(『마스나위』, 5:580, 82).

신은 천사를 창조하여 순수한 상식을 주셨으며, 짐승에게는 순수한 육체적 욕망을 주셨습니다. 천사는 지식 때문에, 동물은 무식 때문에 구원을 받았습니다. 인간은 이 둘 사이에 있을 뿐입니다(푸루잔파르, 121). 신께서는 우리들의 본성 안에 인간성과 동물성을 함께 결합해 놓으셨기 때문에 하나는 반대쪽의 다른 하나를 통해서 알게 됩니다. 아담과 사탄, 모세와 파라오, 아브라함과 님로드, 예언자 무함마드와 아무 자홀의 차이도 마찬가지입니다(푸루잔파르, 117).

이런 것들을 모두 볼 때 드러나는 것은, 아름다움과 추함은 두 가지 관점, 즉 육체적 아름다움과 정신적 아름다움의 대비로 평가될 수 있다는 점입니다. 우리가 우리의 몸을 선택할 수는 없습니다. 하지만, 우리는 우리의 내적 세계를 만들 수 있고, 우리의 의지를 사용해서 선량한 성격을 향해 갈 수 있었습니다. 이것이 정말 중요합니다.

- 그렇습니다. 사람들은 와인 잔의 장식에 관심이 있지만, 나는 잔속의 와인에 마음을 바쳤다고 루미는 말하고 있습니다. 황금 잔에 식초가 들어 있다면 누가 황금 잔에 신경을 쓰겠습니까? 와인이 들어있는 호박은 식초가 들어 있는 수백 개의 황금 잔보다 제게 더 좋습니다. 따라서 사람의 육체적 모습은 잔에 새겨진 장식이나 무늬와 같습니다. 잔이 깨지면 어떤 장식도 남지 않습니다. 그러니 잔 안에 들어 있는 것을 더 좋아해야 합니다(푸루잔파르, 107). 신의 심판에서도 마찬가지입니다. 신이 우리를 어떻게 평가 하실 지를 알고 싶다면, 다음 비유 이야기를 들어 보십시오.

육체적으로 추한 사람과 정신적으로 추한 사람

어떤 왕에게 노예 두 명이 있었습니다. 한 사람은 못 생겼지만 성격이 좋았고, 다른 한 사람은 성격이 나빴지만 잘 생겼습니다. 왕은 잘 생긴 노예에게 심부름을 시켜 멀리 보냈습니다. 그리고는 못 생긴 노예를 불러, '나는 네가 영리하고 재능이 있다는 걸 안다. 그런데 네 친구가 너를 험담하는구나, 네가 도둑질을 하고 치사하다고 하더구나. 어떻게 생각하니?' 라고 말했습니다. 왕은 착한 노예를 부추겨 친구에 대해 험담을 하게 하려했습니다. 하지만 착한 노예는 다음과 같은 대답을 할 뿐이었습니다. '폐하, 제 친구가 한 말은 모두 사실입니다. 저는 그 친구가 얘기하는 것보다 훨씬 더 나쁘다고까지 말할 수 있습니다. 그 친구는 너무도 친절해서 제 잘못을 대부분 숨긴 것 같습니다' 라고 말했습니다. 이 말을 들은 왕은 이 노예에게, '좋다. 네 친구가 네 잘못을 말했듯이, 이제는 네가 그 친구의 잘못을 말해보아라' 고 명령했습니다. 이 착한 느예는 '그의 잘못은 사랑, 믿음, 관대함, 자기희생, 겸손 등등' 이라고 대답하면서 자기가 알고 있는 온갖 덕성을 다 늘어놓았습니다. 이런 다음, 왕은 이 노예를 심부름을 보내고 잘 생긴 노예를 불러들였습니다. 착한 노예에게 한 말을 반복했습니다. '다른 친구가 너에 대해 나쁜 말을 너무도 많이 하였다. 하지만 나는 그런 모습을 네게서 볼 수가 없구나. 반대로 나는 네가 영리하고 재주 있다고 본다' 고 말했습니다. 이 말을 듣자 잘 생긴 노예는 분노가 치밀었습니다. 스스로를 칭찬하면서 자기 친구에게 모욕을 주기 위해 온갖 말을 퍼뜨렸습니다. 이에 대해 왕은 잘 생긴 노예를 쫓아 내면서, '추악한 이놈아! 그 친구는 못 생겼어도 마음은 너무도 순수하다. 그런데 너는, 잘 생겼으면서도 마음은 타락하고 썩었구나, 당장 나가거라!' 라고 말했습니다.(『마스나위』, 2:32).

- 매우 의미 있는 이야기입니다. 말 그대로 사람 되기가 쉽지 않

다는 것을 보여주기 위해서 이 이야기를 했습니다.
- 확실히, 그렇지 않습니다. 다음 비유 이야기 역시 이런 얘기를 우리에게 해줍니다.

진실한 사람을 찾아서

손에 등불을 들고 길거리와 시장을 다니던 사제가 있었습니다. 이 사람에게 어떤 바보가 다가와, '이 한 밤 중에 등불을 들고 왜 돌아다니는 거요?' 라고 물었습니다. 이 사제는 '사람을 찾고 있습니다' 라고 대답했습니다. 그러자 바보는 계속해서, '거참 이상하군요. 사람이 어디에나 있는 것이 보이지 않소?' 라고 말했다. 그래서 사제는 '아니요. 아니요. 내 말 뜻은 그게 아니요. 나는 진실한 사람을 찾습니다. 그런 사람을 찾기를 바라고, 나는 그 사람 발밑의 흙이 되고 싶소' 라고 말했습니다(『마스나위』, 5:118).

II. 인간성의 단계

- 우리의 정신과 지성으로 인간의 의무를 다해야 한다는 것을 알았으니, 이제는 사람이 많은 만큼 인간성에도 많은 단계가 있다는 것을 말할 수 있습니다.

- 확실합니다. 루미에 따르면, 이 세상에는 하늘로 올라가는 비밀 계단이 있습니다. 남녀 각자는 자신의 정신 수준에 따라 다른 계단을 차지합니다(『마스나위』, 5;2565). 우리는 모든 사람

을 개인적으로 다 알 수는 없습니다. 그러니 각 층에 사는 사람들을 몇 집단으로 나눈다면, 어떤 사람들이 주요 집단이 될까요?

- 거친 사람들과 성숙한 사람들, 아는 사람들과 모르는 사람들, 환자들과 의사들, 아니면 여행자들과 안내자들 등으로 대강 나눌 수 있습니다. 또한 가짜로 성숙한 사람들과 의사처럼 보이는 환자들 그리고 사기꾼들도 잊지 말아야 합니다. 루미에 따르면 어린이나 어른이라는 것은 나이에 따르지 않는다고 합니다. 그건 성숙한 정도의 문제입니다. 나이가 아무리 들었어도 어린이 같은 환상을 쫓는 사람들은 어린이입니다.

신의 사랑에 도취된 사람만이 어른이라 불릴 수 있네,
자신의 환상을 쫓는 사람은 성장한 사람으로 볼 수 없네.
(『마스나위』, 1:3536)

반면 질병이나 치료가 육체에만 제한되지는 않습니다. 대부분 사람들은 자신의 견해, 생각, 신념과 관련하여 아픕니다. 진정한 의사는 정신을 고치는 사람들입니다. 이런 의사들은 환자들에게, "우리는 우리의 지식을 의학 서적이 아니라 신으로부터 받는 의사들입니다. 일반 의사들은 오직 육체적인 질병만을 치료합니다. 반면 우리는 병든 정신을 치료합니다. 우리는 일반 의사들처럼 치료의 대가로 임금을 요구하지 않습니다. 우리의 임금은 오직 신에 의해 정해집니다. 그러니 오십시오, 절망에 빠진 환자들이여! 우리는 당신의 모든 질병을 치유할 수 있습니다"(『마스나위』, 4:70).

– 어린이, 어른, 환자, 그리고 의사…….하지만 지식 그리고 지성의 사용과 관련하여 다른 집단이 있습니다. 그렇지 않나요?

– 네, 있습니다. 이 세상의 길고 어두운 여행에서 마음의 빛이 우리의 길을 밝혀주어야 합니다. 그러나 마음들은 끝없이 다릅니다.

마음들은 자신들의 능력들에 따라 순위가 있네
그들의 수준은 땅에서 하늘까지 다르다네
(『마스나위』, 5:461)

사람들의 마음이 끝없이 다르지만 사람들은 자신들의 지성 능력과 관련하여 지성인, 반(半)지성인, 무지성인 등 세 집단으로 나누어집니다. 지성인은 자신의 내적 빛으로 빛을 받는 사람입니다. 이 빛으로 이들은 자신의 길을 밝힐 뿐 아니라 공동체를 안내합니다. 이 빛은 성숙한 믿는 사람의 지성이며, 어떤 의심의 여지도 없는 지성입니다. 반지성인은 길을 비출 수 있는 자기 나름의 빛은 없지만, 자신의 상식을 아직도 사용할 줄 알고 안내자의 눈을 통해 볼 줄 아는 사람입니다. 세 번째 집단은 완전히 눈 먼 사람입니다. 자신의 지성도 없고 지성인의 안내도 따르지 않습니다. 따라서 이들은 칠흑 같은 어둠 속에 있습니다. 이들은 다리를 절며 넓은 들판을 뚫고 지나려고 하고 돌아다니지만 소용이 없습니다(『마스나위』, 4:84). 보십시오, 넓은 들판을 관할하는 수천 명의 병사들이 지휘관 단 한사람의 명령을 받습니다. 하지만 평범한 지휘관은 가치 없는 생각에 사로잡혀 있습니다. 너무도 많은 사람들이 이런 가치 없는 생각을 가진 사람에 복종한다면, 가치 있는 생각에는 어떤 종류의 복종이 가능합니까? 상상해 보십시오!(푸루잔파르, 87)

- 사람들 사이에 지식과 윤리 수준이 끝없이 다르기 때문에 어떤 사람은 선생이 되고 어떤 사람은 학생이 된다고 이해합니다. 하지만 이 선생-학생 관계가 얼마나 지속될까요?

- 모든 선생들에 대해서 또 다른 선생, 또 다른 안내자가 있게 되는 일은 자연스럽습니다. 인간성에 대해 가장 위대한 선생들은 예언자들입니다. 그리고 이들의 선생은 전능하신 하느님 바로 그분입니다. 이렇기 때문에 예언자들의 지식은 절대적 진리입니다. 그리고 구원은 이분들이 가리키는 방향 안에 있습니다. 하지만 하느님의 메신저 무함마드께서는, "나와 내 동료들은 노아의 방주와 같다. 우리는 구원의 피신처이다"라고 말씀하셨습니다(『마스나위』, 4:22). '피신처이다' 라는 말은 다음과 같이 설명될 수 있습니다. 말 한 마리가 지하 소금 저장고에 빠지게 되는 경우 시간이 지나면 말은 소금으로 바뀌게 됩니다. 계속 말처럼 보여도 실제로는 더 이상 말이 아니며, 이 말에 다른 이름을 붙여도, 소금은 소금입니다. 신 안에서 자신의 존재를 부정하는 사람이 육체적으로 살아있다고 해도 실제로 행동하는 분은 하느님입니다(푸루잔파르, 38).
- 이 경우 양 쪽 모두에게 주어지는 의무가 있어야 합니다. 안내자는 훌륭한 안내자여야 하며, 여행자는 안내자를 따라야 합니다. 그렇지 않습니까?
- 그런 경우는 이상적입니다. 하지만 실제로 벌어지는 일은 언제

나 그렇지 않습니다. 루미는 이런 경우를 다음의 사례로 설명합니다. "두 마리의 새를 한 데 묶어 놓으면 가지고 있는 네 날개를 펄떡여도 날아갈 수 없습니다. 하지만 한 마리가 죽으면, 살아 있는 새가 다른 새를 데리고 갈 수 있습니다. 그러니 안내자의 날개를 이용하기 위해서는 자아를 죽여야 합니다. 자기 자신의 마음만을 믿는 사람과 함께 안내자가 어떻게 날아 갈 수 있습니까?"(푸루잔파르, 36).

위대한 안내자는, 자기 책임 밑에 있는 양떼들을 지키는 양치기같이, 사람들에 대해 동정심과 애정으로 가득 차 있습니다. 이 애정에 자신을 복종시킬 수 없는 사람들은 자기 자신을 위험에 빠뜨리고 안내자가 자신들을 쫓아오게 만들어서 안내자를 피곤하게 합니다. 여기에 잘 맞는 이야기가 있습니다.

모세와 도망간 양 한 마리

양 한 마리가 모세의 양떼에서 도망을 갔습니다. 모세는 이 양을 늑대들로부터 구하려고 근심에 빠져 저녁까지 이 양을 쫓아 다녔습니다. 결국 모세는 지친 양을 잡았고 가볍게 때리기 시작했습니다. 모세는, "너를 쫓아다니면서 내 옷과 신발이 어떻게 되었는지를 보아라! 너는 양심도 없니? 너는 나를 왜 그렇게 뛰게 만들었어? 아마도 너는 나에게 관심이 없구나. 하지만 너는 그런 위험을 피하기 위해 네 자신에게 충분히 관심을 가지지 않았니?"라고 말했습니다. 이에 대해 전능하신 하느님께서는 천사들에게 "모세가 예언자가 될 수 있음을 보여주었다"고 말씀하셨습니다. 또한 예언자 무함마드께서도, 모든 지도자는 자신이 책임지는 양떼를 돌보는 양치기와 같기 때문에, "젊어서나 어려서 양치기가 아니었던 예언자는 아무도 없다"고 말씀하셨습니다(『마스나위』, 6:122). 때로는 안내자가 사람들을 올바른 길로 가게 하기 위해 달콤한 말로 설득하지만, 이것이 사람들을 바보로 만들지는 않습니다. 어머니가 자기 아들을 설득하는 것은 아들을 위해서입니다. 그러나 다른 사람들은 우리가 가진 것을 뺏으려고 우리에게 어떤 일을 하라고 설득합니다. 어머니나 예언자가 속임수를 쓰는 것 같아도 실제로는 축복입니다(푸루잔파르, 38).

- 이전에 당신께서는 다른 사람들을 위해 길을 밝혀주는 횃불에 안내자를 비유하였습니다. 여행자에게 주어지는 의무는, 길을 밝혀주는 횃불처럼, 안내자를 높이 세우는 것이어야 합니다.

- 맞습니다. 하지만 그러한 높은 평가는 여행자의 편의를 위해서이지 횃불을 위해서가 아님을 마음에 새겨두어야 합니다. 다가와서 학자보다 높은 자리에 앉은 무식한 사람을 보자, 루미는 "촛불이 높이 들려지기를 원한다면, 그것은 촛불 자신을 위해서가 아니라 사람들을 더 잘 비추기 위해서이다. 그렇지 않으면 촛불은 위에 있건 밑에 있건 그저 촛불일 뿐이다"라고 말했습니다(푸루잔파르, 37). 태양은 어떤 경우에도 빛의 원천이지만, 태양이 없으면 사람은 암흑 속에 있을 것입니다(푸루잔파르, 154). 금을 땅에 두고, 은을 지붕 위에 두었을 때, 어떤 것이 더 값진 것입니까? 물론 금입니다. 마찬가지로, 꽃이 체 밑에 있고 왕겨가 체 위에 있어도 꽃은 여전히 더 가치를 갖고 있습니다. 예언자 무함마드께서 그렇게 많은 땅을 정복하신 이

유도 진정한 삶과 천국을 다른 사람들에게 보여주시기 위한 것이었지 자신을 위해 권력을 얻으려는 것은 아니었습니다. 다른 예언자들에게도 이 점은 마찬가지입니다. "이들의 손은 주기 위해서이지 받기 위해서 존재하지 않았다." 실제로 신의 지원을 받는 사람들은 사람의 지원은 필요하지 않습니다. 신께서 사람들에게 자신의 성인들을 어떻게 영광스럽게 하게 하셨는지를 보십시오. 모든 사람들은 자신들이 기억되고 자신들의 관대함을 과시하기 위해서 자신들의 무덤을 만들지만, 신께서는 다른 사람들이 성인들의 명예를 위해서 무덤을 만들게 함으로서 자신의 성인들의 가치를 드러내십니다(푸루잔파르, 157).

- 처음에 당신께서는 사기꾼에 대해 말했습니다. 그 이야기로 결론을 내려 봅시다.

- 맞습니다. 통찰력 없이 근거 없는 주장을 하는 사람들을 위해서, 루미는 다음과 같이 말했습니다. "어떤 사람들은 사기꾼들이 무얼 보았다, 무얼 안다고 말한다. 하지만 당신이 지붕위에 있는 낙타도 보지 못하면서 바늘의 눈을 보고 실을 꿰었다고 말하면, 누가 당신을 믿겠는가? 길거리를 보려고 밖을 내다보는 장님과 같이, 자기 통찰력이 없는 사람은 육체의 창으로 밖을 본다. 하지만 보는 것이 아니다. 내적으로 장님인 사람이 무얼 보았다고 주장을 한다 해도 이들의 주장은 지성인의 주장과 대비하면 아무런 가치를 갖지 못한다(푸루잔파르, 133).

III. 세상이라는 도시

- 이제 어느 정도 우리는, 거친 사람과 성숙한 사람이라는 계단 위에 있는 두 가지 기본적인 유형의 사람들은 알게 된 것 같습니다. 지금부터 저는 이 세상에서 이 사람들이 갖는 태도에 대해 배우고 싶습니다.

- 그냥, 이 사람들을 이 세상을 여행하는 사람들 정도로 생각해 봅시다. 이들은 자신들이 영원할 것이라고 생각합니다. 어린이들처럼 이들은 게임에 너무 빠져서 자신들의 진정한 나라를 생각하지도 않고 자신들을 여기에 보낸 지배자도 생각하지 않습니다. 실제로, 자신의 원래 지역을 떠난 사람들은 그곳을 그리워하고 돌아가길 갈망합니다. 그러나 이러한 갈망도 자신의 출신 지역을 기억하는 사람들에게만 있습니다. 출신지역을 기억하는 일은 영혼의 성숙 정도에 달려 있습니다.

대부분의 사람들은 자신들의 고향을 잊어버릴 뿐 아니라 자신들에게 고향을 기억하게 해주는 사람들의 적대자가 되기도 합니다. 이 세상은 마른 풀이 들어 있는 우리에, 그리고 고향을 갈망하는 고상한 영혼들은 당나귀로 가득 찬 우리 안의 영양*gazelle*에 비교할 수 있습니다. 다음과 같은 이야기가 이를 설명해줍니다.

당나귀 우리 안에 갇힌 영양

사냥꾼이 연약한 영양 한 마리를 잡아 우리 안에 가두었습니다.

우리는 황소와 당나귀들로 가득 차 있습니다. 이 불쌍한 영양은 어지러움을 느끼고 거의 쓰러질 지경이었습니다. 빠져 나갈 길을 찾으면서 이리저리 정신없이 뛰어 다녔으나 문은 굳게 닫혀 있었습니다. 저녁 때 주인이 마른 풀을 가져왔습니다. 황소와 당나귀들에게 마른 풀은 너무 맛있었으나, 불쌍한 영양에게는 그렇지 않았습니다. 아무런 도움도 받지 못하고 영양은 며칠을 굶고 고통을 느끼면서 물 밖에 나온 고기처럼 힘겨워 했습니다. 다른 동물들은 이 영양이 건방지게도 먹기를 거부한다고 생각하면서 '너 같은 녀석이 이 우리에 떨어진 것은 왕에게 참 안된 일이구나'라고 빈정대며 말했습니다. 이 불쌍한 영양은 자기 옆에 묶여 있는 당나귀한테, '내가 건방을 떨어서 이 마른 풀을 안 먹는다고 생각하지마. 이건 너에게는 좋은 음식이지만, 내게는 그렇지 않아. 나는 신선한 풀을 먹고 맑은 물을 마시면서 강가의 목초지에서 자랐거든. 내 고향에서 나는 심지어 신선한 튤립이나 히아신스, 하물며 달콤한 허브도 먹지 않았어. 내가 지금 고향에서 멀리 떨어져 있어도 내가 영양인 사실은 바뀌지 않았어. 내가 불쌍하지만, 영혼마저 불쌍하지는 않아. 내 옷은 허름하지만 영혼은 그렇지 않아'라고 말했습니다. 당나귀는 이 말을 믿지 않고 '고향이 그리우면 가끔씩 그런 이상한 말을 하기도 하지. 내가 너를 믿게끔 네 말을 증명해봐'라고 말했습니다. 그러자 영양은 '내 배에 있는 이 사향주머니가 그 증거야. 이 사향주머니는 풀을 먹어서 생기지 않거든, 이해하니?'라고 말했습니다(『마스나위』, 5:34)

- 어쨌든, 저는 당나귀가 영양의 말에 관심이 있었다고 생각하지 않습니다. 내세에 대해 경고를 하는 사람들의 말에 사람들은 관심이 없습니다.

- 그렇지 않습니다. 왜냐하면, 사람들은 자신들의 인식 능력에 따라 보고, 듣고, 해석할 수 있기 때문입니다. 당신이 말하는 사람이 당나귀의 인식 능력을 가졌다면, 그 사람에게 당신 말이 어떻게 영향을 줄 수 있습니까? 순례를 가는 사람이 사막을 지나고 있었습니다. 이 사람이 작은 천막을 보자 심한 갈증을 느꼈습니다. 물을 달라고 했지만, 천막 안의 여인은 이 사람에게 불보다 뜨겁고 바닷물보다 짠 물을 주었습니다. 이 물을 마셨을 때, 이 사람은 입술부터 위까지 타는 것처럼 느꼈습니다. 그러면서 여인을 불쌍하게 생각하면서 '저를 친절하게 대해주셨습니다. 대신 보답을 하고 싶습니다. 여기에서 멀지 않은 곳에 바스라와 바그다드라는 문명화된 도시들이 있습니다. 거기서 당신은 여러 가지 음식을 먹고 샤베트도 마실 수 있습니다. 몸이 불편한 사람도 어렵지만 애를 쓰면 거기에 가실 수 있습니다. 당신은 왜 이렇게 버려진 이 땅에 굳이 남아 있습니까?'라고 말했습니다. 이렇게 그는 그 여인에게 충고를 했습니다. 곧이어 여인의 남편이 사막 들쥐를 몇 마리 잡아서 돌아 왔습니다. 이들은 쥐 고기로 요리를 하여 손님을 대접했으나, 그는 조금, 그것도 억지로 먹었습니다. 밤에 그가 천막 안에서 자고 있을 때, 여인은 자기 남편에게 가서 손님이 자신에게 말한 내용을 전해주고 남편의 생각을 물었습니다. 그러자 남편은, '여보, 그런 말은 듣지도 말아요. 세상에는 질투하는 사람들이 많아요. 이들은 다른 사람들이 축복을 누리고 있는 것을 참지 못하고, 갖고 있는 것을 **빼앗으려** 해요'라고 말했습니다. 이런 식으로, 이렇게 경솔한 사람들은 당신의 애정을 질투 때문에 무시합니다. 조금만 노력해도 얻을 수 있는 진정한 축복을 이

들은 놓치고 맙니다.(『카비크르』, 334)

- 말씀하신 비유 이야기들에서 세속적인 것은 사료나 쥐 고기로 표현되고 있군요. 정말 이것들이 그렇게 보잘 것 없습니까? 그렇다면 이것들을 얻으려고 애쓰는 사람들의 노력도 불쌍하게 여겨야 합니까?

- 루미에 따르면 당신은 이 사람들을 불쌍하게 여겨야 하고, 다음과 같은 얘기를 해주어야 합니다. '이 세상을 사랑하시는 분이시여! 찾으려는 사람은 찾는 것을 물론 찾습니다. 당신이 찾고 있었던 것이 노력을 바칠 가치가 있는 것이기를 바랍니다. 지금 당신의 상황은 멧돼지 사냥꾼과 같습니다. 불쌍한 사냥꾼은 멧돼지를 쫓다가 자신도, 자신의 말도, 자신의 개도 지치고 말았습니다. 이들은 모두 병이 들고 화살도 모두 써버렸습니다. 결국 동물을 잡자, 동물의 고기도, 가죽도 아무 쓸모없다는 것을 알았습니다. 그리고는 그동안의 노력을 후회하면서 죽은 멧돼지를 옆에 던져버렸습니다'(『마자리시 사바』, 64). 다른 사례가 보여주듯이 당신은 이 세속적인 사람을 통을 상대로 사냥을 하는 여우에 비교할 수 있습니다. 여우는 나무 위에 달려있는 통을 봅니다. 통이 옆의 나뭇가지에 부딪힐 때 나는 소리를 듣고 통 속에는 얼마나 많은 고기가 들어 있을 까 생각합니다. 그리고는 이 통을 잡기 위해 하루 종일 노력 한 결과 결국에는 이 통을 잡았으나, 통은 가시에 찔려 찢어지고 말았고 안에는 아무 것도 없이 악취만 날 뿐이었습니다. 그러자 마치 자신이 죽는 날 밤에 이 세상을 사랑한 사람처럼, 여우는

자신의 노력이 헛된 것이었음을 알고 울고 맙니다(『마자리시 사바』, 100).

- 어떤 대상의 가치는 다른 것과 비교할 때만 알게 되는 군요. 그렇다면, 세상이 가치를 갖고 있다거나 가지고 있지 않다는 것은 어떤 것에 비교할 수 있습니까?

- 이 세상의 가치는 내세의 축복과 관련됩니다. 이 세상의 가치들을 쫓는 동안 보다 큰 가치를 가진 대상을 잃어버리는 사람들도 있습니다. 이들의 상황은 가난한 사람에 대한 다음과 같은 비유 이야기로 표현 할 수 있습니다.

진흙과 사탕, 어느 것이 더 가치가 있는가?

어떤 대식가가 진흙 먹는데 빠지게 되었습니다. 어느 날 이 사람은 사탕을 사려고 가게에 들렀습니다. 이 사람의 약점을 알고 있었고 속이기를 좋아하는 가게 주인은, '내 사탕은 아주 품질이 좋지만, 네가 걱정이 되니, 저울로 재서 진흙 두 덩어리만큼의 사탕을 만들어 주겠다'고 말했습니다. 이 대식가가 진흙을 먹을 생각을 갖게끔 한 다음, 주인은 사탕을 만들려고 안으로 들어갔습니다. 손님은 기회를 잡았고 저울 위의 진흙을 게걸스럽게 먹어치우기 시작했습니다. 그러면서도 주인의 눈치를 살폈습니다. 하지만 주인은 일부러 시간을 끌면서, '저 바보, 너는 내가 너를 볼까봐 걱정이지만, 나는 네가 조금 먹을까봐 걱정이다. 내가 바쁜 척 하지만 어리석어서가 아니라 약아서 그런 거지. 진흙의 가치를 어떻게 사탕에 비할 수 있겠냐! 더 먹어라. 그러면 저울이 덜 나갈 것이고 사탕은 내가 가질 것이다'고 말했습니다(『마스나위』, 4:26).

보시다시피, 이 세상의 축복은 진흙과 같고, 내세의 축복은 사탕과 같습니다. 사탕을 진흙과 바꾸는 사람은 자신이 손해를 보면서도 자신은 영리하다고 생각하는 바보입니다. 사람들이 진정한 아름다움에는 너무도 무관심하면서, 이 세상에서 우리를 속이는 아름다움을 너무도 좋아하는 것은 엄청나게 놀라운 일입니다. 이런 모순을 표현하는 이행시가 있습니다.

> *이 세상의 즐거움을 떨치는 인내심을 충분히 보여주지 못하는 그대여,*
> *내세와 그 친구 분(신)을 빼앗기는 것은 어떻게 참을 수 있겠나?*
> *(2: 3104)*

이 세상의 부가 큰 가치가 없기 때문에, 부유한 사람들은 진정한 부자가 아닙니다.

- 당연합니다. 아주 작은 것에도 만족하는 사람을 금욕주의자라고 부릅니다. 다음의 비유 이야기를 들어보시고 진정한 금욕주의가 무엇인지를 이해해 보시죠.

누가 금욕주의자인가?

- 어떤 왕이 수도자에게 '오, 금욕주의자이시여'라고 말하자, 수도자는 '당신이 금욕주의자이시지, 저는 아닙니다'라고 대답하였습니다. 그러자 왕은, '나라고? 온 세상이 내 것인데, 내

가 어떻게 금욕주의자로 불릴 수 있는가?'라고 물었습니다. 수도자는 '아닙니다. 이 세상에서 당신의 몫은 조금의 음식과 의복 뿐입니다. 하지만 저는 이 세상과 저 세상 두 세상을 즐기고 있습니다. 따라서 내세의 축복과 관련해서 당신은 금욕주의자로 불릴 자격이 저보다 더 있습니다'고 말하였습니다(푸루잔파르, 28).

- 재미있습니다. 대부분의 사람들에게, 진흙이 사탕보다 더 가치 있어 보이고, 이 세상은 내세보다 더 가치 있어 보입니다. 하지만 어떻게 이게 가능합니까?

- 왜냐하면 이 세상은 달콤한 말을 하는 도둑과 같고 우리를 속이기 때문입니다. 너무도 많은 영혼들이 그런 달콤한 말들과 웃는 얼굴들에 속고 맙니다. 여기 또 다른 비유 이야기가 있습니다.

이 세상에서 우리의 시간을 훔친 도둑

어느 날 이야기꾼이 양복점 주인의 속임수에 대해 얘기하고 있었습니다. 이야기꾼은 양복점 주인이 얼마나 잘 속이는지를 얘기하고 양복점 주인의 재간을 칭찬했습니다. 손님들이 자신에게 가져온 옷으로부터 훔치는 데 얼마나 재주가 있는지를 얘기했습니다. 히타 Hita로부터 온 한 사람이 이 같은 이야기들을 더 이상 참을 수 없었습니다. 그는 점점 화가 나서, '누가 이 도시에서 가장 재주 있는 양복점 주인인지를 말해보시오'라고 말했습니다. 그러자 이야기꾼은

'지게고루*Cigegoglu*라는 사람이 있는데, 제일 잘 속이는 도둑이요' 라고 말했습니다. 확신에 찬 이 사람은, '그 사람도 다른 어떤 누구도 나한테서는 옷은 물론 실 한오라기도 훔칠 수 없소. 내기를 걸 수 있소' 라고 말했습니다. 그러자 이야기꾼은 이 사람에게 경고하면서, '그렇게 자신 있어 하지 마시오. 당신보다 훨씬 영리한 여러 사람들을 아는데, 이 사람들도 자신들이 가진 것을 모두 잃었소. 그러니 뭘 잃고 고생하는 대신에 그를 가까이 하지 않는 게 좋소' 라고 말했습니다. 얘기가 이렇게 계속되자, 이 사람은 더욱 약이 올라 얘기를 듣고 있던 사람들에게, '내기에 걸 내 말이 여기 있소. 양복점 주인이 내 옷에서 어느 것이라도 훔치면, 이 말을 당신들에게 주겠소. 하지만 내가 내기에서 이기면 내가 당신들 말을 가져가겠소' 라고 말했습니다. 다른 사람들은 내기를 받아들였고, 사람들은 흩어졌습니다. 밤새서 이 사람은 뒤척이며 양복점 주인에 대해 생각을 했습니다. 어떻게 행동할 것인지에 대해 계획을 세우려고 했습니다. 결국 아침에 비단 옷을 입고 양복점 주인한테 갔습니다. 양복점 주인은 경의를 표하며 이 사람을 맞으면서 나이팅게일의 노래처럼 달콤한 말을 하기 시작했습니다. 그러나 이 사람은 자신을 방어했습니다. 하지만 주의를 게을리 하고 옷을 작업대 위에 던지고는, '전사의 정장으로 만들어주시오. 윗부분은 꽉 끼게, 아랫부분은 느슨하게 해주시오' 라고 주문을 해버렸습니다. 양복점 주인은 치수를 재고 옷이 어떻게 될까를 계산했습니다. 작업을 하는 동안 양복점 주인은 자기 손님들의 재미있는 이야기들을 쉬지 않고 했습니다. 이야기는 계속되어, 이 사람은 처음에 들어 올 때와 같이 긴장한 사람이 아니었습니다. 이 사람은 이야기를 즐기기 시작했고 재미있는 이야기를 들으면 웃기도 했습니다. 웃을 때마다, 이미 작아진 눈은 더 작아 졌습니다. 이 사람이 눈을 감을 때마다 양복점 주인은 옷에서 조각을 떼어 내어 숨길 수 있는 기회를 가졌습니다. 첫 번째 이야기가 끝났을 때, 이 불쌍한 손님은 자기가 왜 여기에 왔는지는 물론, 말을 이미 내기에 건 사실도 기억하지 못했습니다. '이야기 하나만 더 해주시오'라고 간청했습니다. 이번에, 양복점 주인이 훨씬 더 재미있는 이야기를 하자, 이 사람의 웃음은 그만 폭발하고 말았습니다. 이 때 양복점 주인은 옷의 다른 조각을 물론 더 챙겼습니다. 다른 이야기 역시 끝이 나자 손님은 다시 이야기를 더 요구했습니다. '이렇게 재미있는 이야기를 할 수 있는 사람은 내 이제껏 만나보지 못했소. 너무도 즐거운 시간이었소. 이야기 하나만 더 해주시오'라고 간청했습니다. 세 번째 이야기는 첫 번째 두 가지 이야기보다 훨씬 더 재미있었습니다. 이번에 손님은 웃음을 못 참아 바닥을 뒹굴었습니다. 그래서 양복점 주인은 이번에 더 큰 조각을 떼어 내면서, '불쌍하군. 이 가엾은 녀석은 무엇이 자신에게 이익이고 손해인지를 분간을 못하는 군. 꼭 어린아이처럼 이야기를 너무도 즐기는 군. 이런 사람들은 100 살이 되어도 결코 성장하지 못한 어린아이처럼 자기 옷을 모두 빼앗겨 버리지'라고 중얼거렸습니다. 세 번째 이야기 역시 끝이 났습니다. 이 사람이 네 번째 이야기를 요구하자 양복점 주인은 이 사람을 불쌍히 여기면서, '이 가엾은 양반아! 재미있는 이야기가 많지만, 내가 계속 이야기를 더 하면, 남아 있는 옷은 정장은커녕 조끼도 될 수 없소. 이 사실을 안다면 당신은 웃는 대신에 비통하게 울어야 할 것이요'(『마스나위』, 6:64)라고 말했습니다.

그러니 이 세상은 속이기를 잘하는 양복점 주인과 똑 같으며, 육체적인 즐거움은 재미있는 이야기들과 같습니다. 그리고 당신의 일생은 면으로 된 옷과 같습니다. 진정한 재주는 내세를 위해 잘 맞는 정장을 만드는 기술입니다. 당신이 이 기술이 없다면, 당신의 상황은 니샤부르Nishabur에서 눈을 파는 사람과 같습니다. 이 불쌍한 사람은 눈을 밖에다 내다 놓았는데, 아무도 사지 않자 눈은 녹아 버렸습니다. 결국, '물건이 남아 있지 않군요. 아무도 사지 않았어요'라고 말하면서 울었습니다(『마자리시 사바』, 15).

- 그러니 진짜 낭비는 인생을 낭비하는 것이군요.

- 정확히 맞습니다. 루미는 이렇게 표현합니다. "내가 사랑하는 사람아, 돈 몇 푼이나, 당나귀가 지고 있는 밀, 많은 유산을 터무니없이 쓰는 것을 낭비라고 그대는 생각하느냐. 하지만 진짜 낭비는 인생의 낭비이다. 인생의 단 한 시간도 100 디나르를 주어도 뒤로 되돌릴 수 없다"(『마자리시 사바』, 42).

- 이런 이야기들을 모두 읽는 사람은 우리가 세속적인 생활에 등을 돌려야만 된다고 추측할 수 있겠군요. 이게 우리가 해야 될 일이 아닌가요?

- 물론 아닙니다.

- 그러면 우리가 멀리 해야 할 "세속적인 것"은 무슨 뜻인가요?

세속적인 것은 전능하신 분을 모르는 일을 의미하네
옷, 돈, 가족을 갖고 있는 것을 의미하지는 않는다네
(『마스나위』, 1: 1024)

그러니 우리가 직업이나 가족으로부터 거리를 두어야 할 필요는 없습니다. 핵심적인 것은 이런 것들에 빠지지 않는 것, 당신이 신을 잊지 않는 것, 이런 것들로 해서 당신이 게을러지지 않는 것입니다. 당신이 합법적으로 번 것을 자선을 위해 쓰는 것 역시 내세의 당신을 위한 준비가 됩니다. 신의 메신저인 무함마드께서는 "합법적인 재산은 의로운 사람을 위한 축복이다"라고 말씀하셨습니다. 사람이 갖고 있는 재산은 배가 위로 지나가는 물과 같아야 합니다. 배는 물의 도움을 받아 원하는 방향으로 갈 수 있습니다. 하지만 물이 배 안으로 들어오면 배는 가라앉고 맙니다. 그러니까 재산은 더 이상 축복이 아니라 부담이 될 수 있습니다. 어쨌든 세속적인 소유에 대해 탐욕적이지 말아야 합니다. "대부분의 왕들이 신하보다 오래 살지 못했던 사실을 보지 못합니까? 장미조차도 다른 꽃들보다 먼저 자신의 꽃잎을 떨어뜨립니다. 왜냐하면 꽃잎이 짧은 시간에 물을 더 많이 먹기 때문입니다(『마자리시 사바』, 190).

IV. 이성, 지식, 그리고 지식의 유형들

- 이제까지 우리는 인간성이라는 계단 위에 있는 사람들이 이 세상에 대해 갖는 태도가 어떻게 다른 지를 살펴보았습니다. 그러면 지금부터는 처음으로 돌아가 사막을 여행하는 사람들의 길을 밝히는 빛에 대해서 살펴보도록 하시죠. 당신께서는 그것을 마음의 빛이라고 부르지 않으셨나요?

- 맞습니다. 마음은 햇불과 같고, 지식은 마음의 빛입니다. 이 빛은 밤의 어둠 속에서 길을 밝혀줍니다. 더 강력한 빛이 있는데, 우리는 그 빛을 사랑이라고 부릅니다. 하지만 지금은 이성과 지식을 얘기합시다. 인간의 핵심적인 목표는 성숙해지는 것인데, 성숙은 지식 없이 얻어 질 수 없습니다. 하지만 모든 지식이 다 똑 같지는 않습니다. 따라서 어떤 종류의 지식이 가치가 있는지를 알 필요가 있습니다.

- 그러면 저의 첫 번째 질문은 가치 있는 지식의 성질에 관한 것입니다. 먼저 지식은 유용해야하고 빛을 비추는 것이어야 합니다. 이 점을 분명히 해주는 비유 이야기가 있습니다.

언어학자와 항해사

　어떤 오만한 언어학자가 배를 탔습니다. 그는 항해사에게, '여보시오, 당신은 문법을 아시오?' 라고 물었습니다. 그렇지 않다고 대답을 하자 무시하는 말투로, '아이구 불쌍해라, 당신은 인생의 반을 헛되게 보냈구려' 라고 말했습니다. 이 말에 항해사는 슬퍼졌지만 가만히 있었습니다. 잠시 후에 심한 폭풍이 다가와 배가 가라앉기 시작했습니다. 항해사는 지금 제 정신이 아닌 언어학자에게, '문법학자님, 수영하실 줄 아세요' 라고 물었습니다. 이번에는 언어학자의 대답이 부정적이었습니다. 그러자 항해사는, '불쌍도 하셔라. 수영을 못한 다는 것은 인생 전체를 잃는다는 뜻인데' 라고 말했습니다. 모든 종류의 지식이 모든 곳에서 쓰일 수 없다는 것을 이 이야기는 보여줍니다. 당신이 바다 위에 있으면, 문법 지식은 당신에게 아무 쓸모도 없습니다. 더구나 당신 자신을 부정하고 신께 굴복하는 대신에 자신의 지식에 의존하는 일은 자신의 거인 존재를 상정하는 것을 의미합니다. 물이 사람을 잠기게 하고 머리 위를 덮을 때, 당신은 물이 당신을 데려가게 하면서 죽은 사람처럼 되어야 합니다. 그렇지 않고 자신의 지식이나 능력을 믿으면, 바다에서 살아남기는 매우 어려울 것입니다(『마스나위』, 1:112).

– 그렇다면 지식과 좋은 성격과의 관계는 무엇입니까?

– 지식이 항상 같은 결과를 가져오지는 않는다는 점을 알 필요가 있습니다. 지식은 선한 사람에게는 좋지만, 악한 사람에게는 나쁩니다.

배울 가치가 없는 사람에게 학문을 가르치는 일은
강도에게 칼을 주는 것에 비교 할 수 있네
(『마스나위』, 4:1456)

지식은 지식을 아는 사람에게 책임을 부과합니다. 따라서 어떤 사람이 지식이 없는 것은 자신이나 남을 위해서 더 좋은 일입니다. 배울 가치가 없는 사람이 지식을 얻는 일이 얼마나 재앙을 가져올 수 있는 지를 보도록 합시다.

동물의 언어를 배우길 원한 바보

어떤 바보가 예언자 모세에게, '제게 동물의 언어를 가르쳐 주십시오'라고 간청을 했습니다. 이에 대해 모세는, '오, 불쌍한 사람아, 왜 그런 것을 바라느냐? 그 생각을 버리는 게 좋겠구나. 쓸 데가 없을 것 같구나. 동물의 언어를 사용할 수 있다면 지식은 재앙을 가져온단다'고 대답했습니다. 그러자 이 바보는 굽히지 않고, '동물들의 언어를 모두 가르쳐 주실 수 없다면, 두 가지만 가르쳐 주십시오'라고 말했습니다. 이 요구에 모세는 닭과 개의 언어를 가르쳐 주었습니다. 바보는 행복한 마음으로 집으로 돌아갔습니다. 저녁 식사 후에 하인이 식탁보를 치우고 남은 음식을 마당에 버렸습니다. 수탉이 와서 부스러기를 쪼아 먹기 시작했습니다. 그러자 개가 항의하면서, '이건 공평하지 못해. 나는 너처럼 알갱이를 먹을 수 없어. 내가 먹을 빵을 네가 먹고 있구나'라고 말했습니다. 이에 대해 수탉은, '걱정하지마, 내일 더 좋은 음식이 나올 거야. 내일 주인님의 말이 죽을 거고, 그러면 네가 그 고기를 먹을 수 있을 거야'라고 대답했습니다. 이 말을 들은 주인은 당장 시장으로 가서 말을 팔아버렸고, 말은 다른 사람의 손에 들어가 죽었을 것입니다. 이 바보는 자신이 이익을 보았다고 생각했으나, 다가올 더 큰 위험은 알지 못했습니다. 다음 날, 닭과 개가 창문 밑에서 나누는 얘기를 바보는 엿들었습니다. 수탉은, '걱정하지마, 이번에는 주인님의 여자 노예가 죽을 거고, 장례 후에 저녁식사가 있을 거야. 남은 뼈다귀로 잔치를 벌여'라고 말했습니다. 이 바보는 자기 여자 노예를 매우 아꼈으나, 이 얘기를 듣자 자신이 입을 큰 손해를 피하려고 바로 팔아버렸습니다. 그러면서 동물들 언어를 배우길 참 잘했다고 스스로에게 말했습니다. 세 번째 날, 굶주린 개는 아주 야위어졌습니다. 개는 수탉에게 달려가서, '너는 나를 속이고 있어. 네 예상이 하나도 들어맞지 않아'라고 말하자, 수탉은 '사실 나도 놀랐어. 왜냐하면 거짓말이었거든. 기도

하라고 사람을 깨우는 일이 우리 일이기 때문에 신이나 신의 메신저께서 우리의 가치를 인정하시는 거 아니야? 그런데 요 며칠 사이에 이상한 일이 벌어지고 있어. 나도 이해를 못하겠어. 하지만 어쨌든 걱정하지마. 내일 주인님이 죽을 거고 상속받는 친척들이 틀림없이 잔치를 벌일 거야. 너도 잔치에서 네 몫을 확실히 가질 수 있어'라고 말했습니다. 이 말을 들은 바보는 충격을 받았습니다. 말을 팔고 하녀를 팔았지만, 자신을 팔아서 죽음을 피할 수는 결코 없었습니다. 자신의 생명에 대한 대가로 불행이 거의 없었지만 그래도 자신은 죽음과 맞부딪히지는 않았습니다. 불행을 하나하나 피해 갔지만 이제는 죽음의 천사를 만나게 되었습니다. 그래서 이 바보는 모세에게 달려가 자신의 목숨을 걱정하면서, '도와주세요, 모세이시여, 도와주세요. 이 지식을 가져가십시오. 그리고 저를 참혹함에서 구해주십시오'라고 말했습니다. 이에 모세는, '아뿔싸, 시위를 떠난 화살은 돌아오지 않는다, 신의 법칙으로도 어쩔 수 없구나. 이제 필요한 것은 너의 믿음을 구해달라고 신에게 기도하는 일 밖에 없구나'라고 말했습니다. 이 이야기는 자격이 없는 사람이 지식을 가진 경우에 해당됩니다. 이 사람은 예언자 모세를 만났어도 이 만남을 자신의 정신을 되살리는 기회로 삼지 않았습니다. 대신 이 사람은 자신의 육체적 삶을 즐기고, 자신에게 허락된 지식을 자신의 무덤을 파는 도끼로 사용했을 뿐입니다(『마스나위』, 4:125).

- 지식을 잘못 사용하면 멸망에 이른다는 사실 이외에, 우리는 이 이야기에서, 사람이 필요로 하는 것과 필요로 하지 않는 것을 구별하는 능력이 실제로 중요함을 배울 수 있습니다. 맞지요?

– 확실합니다. 사람이 필요로 하지 않는 지식과 어떻게 사용할 줄 모르는 지식은 그 사람에게 짐입니다. 쓸모없는 지식을 갖고 있는 사람은, '책을 지고 있는 당나귀'와 같습니다. 아무리 많이 알아도 지식을 이용할 줄 모르면 지식을 갖고 있다고 말할 수 없습니다.

– 그래서 저는, 어떤 것을 보는 것과 아는 것은 언제나 같지 않다고 여깁니다.

– 맞습니다. 사람의 나쁜 성격도 눈과 귀에는 장애물입니다. 따라서 이런 사람들은 모든 것을 알거나, 듣거나, 이해해서는 안 됩니다. 이런 사람들은 다음 이야기에 나오는 세 사람에 비교할 수 있습니다.

시력이 좋지만 앞 못 보는 사람, 청력이 좋지만 못 듣는 사람, 긴 옷을 입은 벌거숭이

사바*Saba* 사람 셋이 있었습니다. 한 사람은 매우 멀리 볼 수 있었지만 앞을 못 보는 사람이었습니다. 이 사람은 개미도 볼 수 있었지만 예언자 솔로몬은 볼 수 없었습니다. 두 번째 사람은 매우 잘 듣지만 못 듣는 사람이었습니다. 금은 조금도 갖고 있지 않았지만 보석과 같은 사람이었습니다. 그리고 또 다른 사람은 벌거벗었지만 그의 옷은 길었습니다. 참 이상하죠? 하지만 여기서 중요한 점은 무엇일까요? 『마스나위』에 있는 루미의 설명을 들어봅시다.

"장기적인 야망을 가지고 있는 사람은 듣지 못하는 사람입니다.

이 사람은 다른 사람의 죽음에 대해서는 듣지만 자기 자신의 죽음과 관련해서는 아무 것도 못 듣습니다. 앞을 못 보는 사람이 문제입니다. 이 사람은 다른 사람의 잘못은 자세히 열거합니다. 그러나 자기 자신의 잘못은 보지 못합니다. 벌거벗은 사람은 자기 옷을 잃어버리는 것을 두려워합니다. 이미 벌거벗은 사람이 자기 옷을 잃어버리는 일이 가능하다면 얼마나 놀라운 일입니까? 이 세상에 있는 어느 누구도 자신의 것을 갖고 있지 않습니다. 하지만 사람들은 도둑맞을 것을 두려워합니다. 파산하고 망한 사람이 왜 도둑을 두려워해야 됩니까? 인간은 이 세상에 벌거벗고 태어났고 벌거벗은 채 이 세상을 떠납니다. 그러니, 왜 도둑을 두려워하면서 걱정을 해야 합니까? 꿈 속에서 재산을 조금 가지고 있으면서 도둑이 무서워 떠는 사람은, 잠에서 깨어나면 자신의 처지를 보고 웃고 갑니다"(『마스나위』. 3:100). 이런 모든 이야기들로부터 끌어 낼 수 있는 결론은, 자신을 아는 일이 가장 중요하다는 점입니다. 모든 일은 자신을 아는 일로부터 시작하지만, 우리가 가장 잘 모르는 대상이 보통 바로 우리들 자신입니다. 『마스나위』는 이러한 갈등에 대해 주의를 요구하고 있습니다. "어떤 학자는 수많은 학문을 알 수 있지만, 자신은 알지 못합니다. 당신이 알아야만 하는 것과 알아서는 안 되는 것도 당신은 배웠을 지라도, 나는 당신 자신이 무엇을 쫓고 있는 지 잘 모릅니다! 당신은 모든 대상의 가치를 알고 있지만, 자기 자신의 가치를 알지 못하는 바보입니다. 당신은 어떤 별이 운수에 좋고 어떤 별이 그렇지 않다는 것을 알지만, 당신 자신이 운수가 좋은 사람인지 아닌지는 당신은 알지 못하고 있습니다"(3:101).

- 당신이 알 필요가 없는 것을 내버려두고, 무엇을 하는 지도 모

르고, 참 재미있군요! 쓸모없는 지식에 대한 다른 사례가 더 있습니까?
– 실제로는 많습니다. 하지만 물 한 방울로도 바다를 떠올릴 수가 있듯이, 작은 사례로도 충분할 것입니다.

바보 왕자의 지식

어떤 왕이 바보인 자기 아들을 학자들에게 보냈습니다. 이들은 왕자에게 많은 것을 가르쳤고, 학자가 되었습니다. 어느 날 왕은 자기 손바닥에 어떤 물건을 쥐고서 아들을 시험해보고 싶었습니다. "내 손 안에 무엇이 있는지 말해보아라"라고 명령했습니다. 왕자는 "손 안에는 둥그렇고, 속이 비고, 노란 물건이 있습니다"라고 대답했습니다. 왕은 기뻐하면서, "맞다. 이 물건의 성질들을 알고 있구나. 그렇다면 그것이 무엇인지를 아느냐"고 물었습니다. 왕자는 "체!"라고 대답했습니다. 왕은 놀라서 감탄하면서, "너는 자세한 사항을 너무도 많이 알고 있구나. 하지만 체는 너무도 커서 내 손 안에 쥘 수 없다는 것을 너는 아직도 알지 못하는 구나"고 말했습니다.

루미에 따르면, 이런 일이 학자들에게 벌어집니다. 학자들은 자신들과는 관계없는 것들을 아주 자세하게 잘 알고 있지만 무엇이 가장 가까운 것인지를 알지 못합니다. 즉 자기 자신들을 알지 못합니다! 더욱이 노랗고, 둥글고, 속이 비어있다는 것은 상대적인 속성들이며, 불 속에 던져지면 이들 모든 속성들은 사라지고 핵심만 남게 됩니다(푸루잔파르, 26). 요약하자면

가슴이 건전한 사람의 지식은 지식의 소유자를 데려가지만,

쾌락주의자의 지식은 지식의 소유자가 가지고 가는 짐이네 (1: 3552)
불필요한 지식의 문제들도 있지만, 자신은 알지 못하면서도 아는 척을 하고 다른 사람들의 말을 때때로 반복하는 사람들도 있지 않습니까?

- 맞습니다. 그러나 그렇게 가상적인 지식이나 빌려온 말들은 그 소유자에게 아무런 쓸모가 없습니다. 지식의 진정한 소유자와 모방자의 차이는 개와 강아지에 비교할 수 있습니다.

뱃속에서 짖어 댄 강아지들

어느 날 수련 중인 수도자가 꿈을 꾸었는데, 꿈속에서 강아지들이 어미 뱃속에서 짖고 있었습니다. 강아지들의 짖는 소리에 놀라, 수도자는 "이 녀석들은 늑대나 도둑도 쫓아낼 수 없고, 사냥도 못하고 집도 못 지키는데, 짖는다는 게 무엇일까?" 소리가 들렸습니다. "그것은, 지식도 없이 말하는 사람의 말과 같다"(『마스나위』, 5:59).

따라서 우리에게는 우리 자신의 마음으로 생각하고, 우리 자신의 날개로 나는 것이 필요합니다.

보라, 멋대로의 모방을
다른 사람의 마음을 포기하고, 당신 자신의 마음으로 생각하라
(『마스나위』, 6:3371)

다른 사람에게 속하는 지식은 밖으로부터 성 안으로 흘러들어오는 물과 같습니다. 이 물은 평상시에는 좋지만, 전쟁이 일어나면 물은 끊기고 성 안의 주민들은 물을 못 먹게 됩니다. 이럴 때, 성 안의 나쁜 물이라도 성 밖의 달콤한 물보다 더 낫습니다(『마스나위』, 6:134). 모방자의 연설은 바위로부터 나오는 메아리와 같고, 생명이 없습니다. 루미는 진정한 지식은 계시 안에 있으며 죽지 않는다고 우리에게 말합니다.

"산이 스스로 어떻게 소리를 만들어 낼 수 있는가?, 순진한 그대여! 그 소리는 다른 어떤 사람의 목소리의 메아리입니다. 당신이 빌려온 말들은 당신의 모든 태도들과 마찬가지로 바위로부터 나오는 메아리입니다. 당신의 말이 당신 안의 샘으로부터 흘러나올 때만 오직 당신은 당신 자신의 날개로 날 수 있습니다. 다른 사람에게 속하는 날개를 가지고 날아가는 화살을 보십시오. 화살로 새를 잡는다고, 화살에게 사냥하는 새의 몫이 주어집니까? 매가 산에서 사냥을 하지만, 매는 다른 사람에게 의존하고 있기 때문에, 매가 잡는 자고새나 찌르레기 모두 왕이 먹습니다. 계시 속에 근원을 갖지 못하는 모든 말들은 환상에 불과합니다. 이 말들은 공기 속에 사라지는 먼지와 같습니다. 하지만 예언자 무함마드의 말들은 개인적인 환상이나 희망으로부터 나오지 않았기 때문에 사라지지 않습니다. 무함마드는 전능하신 하느님의 계시를 위한 수단이었습니다(6: 175).

  – 우리의 대화를 통해 제가 이해한 바로는, 지식은 목표 그 자체가 아니라는 점입니다. 지식은 훨씬 더 큰 목적을 위해 쓰입니다. 그렇다면 보다 높은 목적은 무엇입니까?

  – 우리는 그것을 "성숙함", 또는 "존재"라고 부릅니다.

– 그러면 "존재"의 단계에 대해서 말씀해 주십시오.

– "존재"는 신께서 우리가 되기를 원하는 존재입니다. 이것을 획득하기 위해서 사람들은 나쁜 습관들을 버리고 대신 좋은 습관들로 꾸며져야 합니다. 이러기 위해서는 물론 믿음이 필요합니다.

V. 이 세상에서의 의무: 정화된 사람, 성숙한 사람이 되는 일

– 자 그러면 나쁜 습관을 버리는 일의 중요성부터 시작해봅시다. 그런데 먼저 제가 알고 싶은 것이 한 가지 있습니다. '성숙해진다'의 핵심은 무엇입니까? 성숙해진 사람은 무엇을 얻습니까?

– 인간은 올바르게 행동하고 진정한 사람이 되라고 이 세상에 보내졌기 때문에, 이것을 성취하기 위해서는 최고의 의무를 다해야 합니다. 이러한 성취를 통해서 이들은 무엇보다도 먼저 자신을 얻습니다.

– 무슨 뜻입니까?

– 이 말의 뜻을 알기 위해서 『마스나위』를 들어봅시다.

당신은 당신 자신으로부터 벗어날 수 없다

다른 사람으로부터 도망친 사람이 쫓아오는 사람으로부터 멀어져서 안전해지자 뛰는 것을 멈추었습니다. 하지만 나 자신은 나 자신 자체의 적이며, 달리는 것으로부터 자유로워지기를 희망합니다. 하지만 내가 어디를 가나 내 자신을 데리고 간다면 이렇게 자유로워지는 것은 불가능합니다. 그러므로 나는 최후의 심판의 날까지 멈추지 않고 달릴 필요가 있습니다. 한 사람의 적이 바로 자신의 그림자라면 어디를 가도 안전할 수 없습니다(5:676). "오 순수한 분이시여, 당신은 곧 세속적인 재산을 잃어버립니다. 그러나 당신이 그 재산, 보석 자체가 된다면, 어떻게 멸망할 수 있겠습니까?"(『마스나위』, 4:1132)

- 보석이 된다…… 보석이 되는 방법이 무엇이죠?

- 보석이 되기 위해서 사람은 먼저 자신의 잘못을 보고 잘못으로부터 순화될 필요가 있습니다. 그렇지 않고 다른 사람의 잘못을 보는 일은 전혀 도움이 되지 않습니다. 실제로 진정한 잘못은 모든 것들 안에서 항상 잘못을 보는 일입니다. 이 세상을 넘어 영혼 여행을 하는 사람이 다른 사람의 잘못을 볼 수 있을까요?(『마스나위』, 1:2074)

- 그러니까 주요 잘못은 언제나 잘못을 보는 일이다… 그것 재미있군요.

- 맞습니다. 다른 사람의 잘못을 보는 일은 자신에게 심각한 문

제가 될 수 있습니다. 기도에 관한 사례를 통해서 루미는 그런 행동이 얼마나 우스운 지를 설명합니다.

기도하는 사람들

인도에서 네 사람이 모스크에 가서 기도를 하기 시작했습니다. 기도 시간을 알리는 사람이 들어오자 이들 가운데 한 사람은 자신이 기도를 하고 있다는 사실을 잊고, '기도 시간을 알리셨나요?' 라고 물었습니다. 그러자 다른 사람이 이 사람을 팔꿈치로 치면서, '네가 큰 소리로 말했으니 자네는 기도를 망쳤어!' 라고 말했습니다. 세 번째 사람은 이렇게 친구를 경고한 사람에게, '불쌍한 친구야, 다른 사람을 바로 잡는 대신에, 자네 기도에나 신경을 쓰게나' 라고 말했습니다. 마지막 사람은 자신이 이들에게 아무 말도 하지 않은 것에 대해 만족했습니다. 그러나 어쩔 수 없이 큰소리로, '저는 이 바보들처럼 행동하면서 제 기도를 망치지 않았으니, 신이시여 감사합니다' 라고 말할 수밖에 없었습니다. 이렇게 해서 이들 모두는 자신들의 기도를 모두 망쳐버렸습니다(『마스나위』, 2:110).

- 알겠습니다. 하지만 아무도 다른 사람에거 경고를 하지 않는다면, 어떻게 자기 잘못을 깨닫고 고칠 수 있습니까?

- 다른 사람에게 경고를 하는 방법은 있습니다. 경고를 하는 사람은 거울이나 저울과 같아야 합니다. 저울은 사실들을 재고, 거울은 무엇이 진짜인지를 드러내줍니다. 저울이나 거울은 당신에게 말할 것입니다. '저울과 거울은 잡담을 할 수 없으니,

당신은 당신의 바르지 못한 점을 버려야 합니다'(『마스나위』, 1:138). 거울과 저울이 이런 말을 할 때, 잘못을 가지고 있는 사람은 진리를 듣는 일 이외에 할 수 있는 일이 아무 것도 없습니다. 하지만 우리 자신의 잘못을 받아들이는 대신에 거울을 비난하는 일이 우리들에게는 더 쉽습니다. 다음의 비유 이야기에 나오는 못생긴 사람의 반응에 이런 행동을 비교해 볼 수 있습니다.

못생긴 사람과 거울

사는 동안 한 번도 거울을 보지 않은 못생긴 사람이 길 바닥에서 먼지에 쌓여 빛을 내는 거울을 보게 되었습니다. 무릎을 굽혀 이 빛나는 물건을 집어 들고 옷소매로 닦은 다음 자기 얼굴을 비추어 보았습니다. 하지만 거울 속에 있는 못생긴 얼굴은 좋아하지 않았습니다. 그래서 화가 나서 거울을 던져 버리고는, '너 참 나쁜 거울이구나! 네가 그렇게 못생긴 얼굴들을 비추지 않았다면 사람들이 너를 여기에 버리지 않았을 것이다'고 말했습니다(2:98).

- 그러면, 제가 제 잘못을 볼 수 있을 정도로 충분히 성숙해졌다고 생각해봅시다. 제 자신의 교육을 어떻게 시작해야 하나요?

- 영혼, 육체적 자아의 훈련으로 자기 교육을 시작하세요. 당신의 영혼은 연못과, 그리고 연못을 채우는 꼭지와 비슷합니다. 연못에 들어 있는 것은 꼭지로부터 흘러 나오는 것에 달려 있습니다. 우유나 꿀이 흘러나오면 연못에는 우유나 꿀이 들어

있습니다. 따라서 당신의 다섯 가지 감각은 다섯 가지 꼭지에 비교할 수 있습니다(『마스나위』, 1;39). 실제로 수피즘은 이미지들의 문제 보다는 본질 발견의 문제입니다.

진정한 수피는 순수성을 찾는 사람,
수도복을 입고 엄숙하게 걷는 사람이 아니라네
(『마스나위』, 5:364)

다시 말해서, 내면 깊은 곳에서 핵심적인 변화 없이 모범적인 행동을 보이는 사람을 우리는 기대할 수 없습니다. 따라서 우리는 육체적 자아에 대한 투쟁을 통해서 시작할 필요가 있습니다. "육체적 자아는 잘못된 모든 우상의 어머니입니다. 우상이 깨어지지 않으면, 매일 새로운 우상이 생겨납니다. 우상은 불꽃과 같고, 육체적 자아는 쇠와 부싯돌과 같습니다. 불꽃은 물속에서 사라집니다. 하지만 쇠와 돌은 물속에서도 사라지지 않기 때문에 안전하게 보관해야 합니다. 불은 이 돌과 쇠 안에 숨어 있습니다. 악은 육체적 자아 안에 숨어 있습니다"(『마스나위』, 1:32). 우리들의 행동은 항아리 물에 비교할 수 있지만, 육체적 자아는 계속 흘러가는 강물에 비교할 수 있습니다.

"항아리나 큰 병 속의 물은 없어집니다. 그러나 샘에서 나온 물은 계속해서 흘러갑니다. 자갈로 수많은 항아리를 깰 수 있지만, 샘으로부터 나오는 물을 뒤집을 수는 없습니다. 우상을 깨는 일이 쉬워 보일 수 있지만, 육체적 자아의 파괴를 결코 쉬운 일로 받아들이지 않아야 가능합니다(『마스나위』, 1:32).

- 자 그러면, 육체적 자아를 훈련시키는 일이 얼마나 어려운 일인지를 보여주는 비유 이야기를 봅시다. 이 일을 할 수 있는 우리의 능력에 확신을 갖는 일은 속임수입니다.

바르시사Barsisa의 이야기

이스라엘의 자손들 가운데 바르시사라는 이름을 가진 유명한 금욕주의자가 있었습니다. 그가 잔 속의 물에 입김을 불어 넣으면, 이 물로 사람을 치료할 수 있었습니다. 그가 너무도 유명해졌기 때문에 다른 의사들은 치료할 환자가 없었습니다. 사탄은 분노에 차서 이를 갈았지만 바르시사를 비뚤게 나가게 할 방법을 찾지 못했습니다. 사탄은 자기 자녀들은 불러, '이 곤경에서 나를 구해줄 누가 없니?' 라고 묻자, 그중 한 명이, '제가 구해드리겠습니다' 고 말했습니다. 그러자 사탄은, '네가 이 일을 해내면, 너는 내가 아끼는 아들이 될 것이고, 너는 눈 먼 나를 밝혀줄 것이다' 고 말했습니다. 젊은 악마는 머리를 써봤지만 아름다운 여인 말고는 바르시사를 유혹할 더 좋은 방법을 찾지 못했습니다. 황금이나 음식은 일방적인 욕망의 대상이지 대가를 바라는 자유의지를 갖고 있지는 않다고 그는 생각했습니다. 하지만 한 여인을 사랑하면 이 여인도 당신을 사랑하게 될 것입니다. 한 쪽으로만 벽을 찌르기는 쉽지 않지만, 두 사람이 양쪽에서 노력하면 구멍은 더 빨리 만들어 질 것입니다. 마음의 결정을 하자 젊은 악마는 전 세계에 걸쳐 찾아 나서서, 드디어 자기 목적을 위해 일해 주기에 충분히 아름답고 고상한 소녀를 발견했습니다. 그 소녀는 왕의 딸이었습니다. 악마는 소녀의 뇌 속으로 들어가 소녀의 정신을 흩트려 놓았습니다. 의사들도 어쩔 수 없었습니다. 악마는 수도자로 변장을 하고 의사들에게 다가 가서, '소녀를 낫게 하려면 바르시사에게 데려가시오, 바르시사가 소녀에게 입김을 불어 넣게 하시오'라고 말했습니다. 의사들은 말한 대로 했고, 소녀는 나았습니다. 따라서 악마는 현명한 충고자로 통하게 되었습니다. 그 후, 악마는 소녀의 뇌를 다시 잡았고, 이번에는 이전보다 더 아팠습니다. 악마는 똑같은 수도자의 모습으로 다시 나타나, '소녀를 바르시사에게로 다시 데려가시오. 이번에는 소녀가 나을 때까지 바르시사 옆에 머물러야 하오'라고 말했습니다. 예언자 무함마드께서도, "남자와 여자가 따로 함께 있으면, 사탄은 이들의 세 번째이다"라고 말씀하셨습니다. 금욕주의자는 자신의 육체적 자아를 과소평가 하면서 커다란 실수를 저질렀습니다. 그는 소녀를 자기와 함께 머무르게 했으며, 소녀가 더 오래 있는 동안, 이들은 친해졌습니다. 이제 소녀는 임신을 하게 되었으며, 금욕주의자는 벌어지고 있는 일에 놀라, 자신을 잃고 깊은 생각에 빠지게 되었습니다. 악마는 금욕주의자에게 친구처럼 다가와 무슨 일이 벌어졌는지 물었습니다. 얘기를 듣고 난 후 악마는 소녀가 아팠기 때문이라고 핑계를 대면서 소녀를 죽이고 땅에 묻으라고 충고 하였습니다. 그래서 바르시사는 충고대로 했습니다. 악마는 왕한테 가서 딸이 다 나았다고 말한 반면, 바르시사는 딸이 죽어서 자신이 묻었다고 말했습니다. 이런 일이 있은 다음, 악마는 다른 사람의 모습으로 왕에게 다가가서 바르시사가 한 일을 알려주었습니다. 바르시사는 모든 것을 인정하지 않았으나, 악마는 소녀의 무덤이 있는 곳을 알려주었습니다. 소녀의 시체를 찾자, 바르시사는 사형에 처해졌습니다. 바르시사의 목이 매달려 있을 때, 악마는 바르시사에게 가까이 가서, '이런 모든 일이 네게 일어 난 건 나 때문이야. 내 앞에 엎드리면 너를 구해주지'라고 말했습니다. 이에 바르시사는, '내 목에 밧줄이 감겨 있는데 어떻게 엎드릴 수 있지?'라고 물었습니다. 악마는, '상징적인 행동이라도 좋다'고 대답했습니다. 따라서 바르시사는 절을 하려고 했으나 밧줄 때문에 몹시 아팠습니다. 그러자 악마는 『꾸란』에 쓰여 있는 것처럼, '나는 도움을 청하는 너의 울음에 대답할 수 없네'라고 말했습니다(이브라힘, 14:22). 육체적 자아, 악마의 친구들과 나쁜 친구들은 사형대에까지 우리와 함께 할 뿐이며, 우리를 무덤에서 도와줄 수는 없습니다(마자리시 사바, 62-71).

- 생각을 많이 하게 하는 이야기군요, 정말. 육체적 자아를 훈련시키는 일이 쉽지 않다면, 이 훈련은 사람의 자질을 판단하는 기준이 될 수 있겠군요.

- 정확합니다. 왕이 되느냐 노예가 되느냐의 선택에 대한 관점을 보여주는 비유 이야기가 있습니다.

자신을 왕으로 생각합니까?

한 나라의 왕이 지도자sheikh에게, '불쌍한 분이시군요. 원하시는 모든 것을 요구하시면 도와 드리겠습니다'라고 말했습니다. 지도자는, '아주 적절하지 못한 제안이군요. 당신은 내 두 노예의 노예이면서 어떻게 감히 나를 도와주겠다고 제안을 하는 거요? 창피한 줄 아시오!'라고 말했습니다. 왕은 놀라서, '이상하군요.... 내 주인인 당신의 두 노예가 누구요?'라고 물었습니다. 지도자는, '하나는 분노이고, 다른 하나는 육체적 욕망이요. 이들은 나에게 복종하

는 노예일 뿐이지만, 당신은 이들의 명령을 받는 노예가 되었소'
(『마스나위』, 2:54).

- 따라서 진정한 왕을 만드는 것은 욕망의 명령으로부터 자신을 자유롭게 하는 일이군요. 수피즘은 다른 것을 요구하지는 않습니까?

- 수피즘에서 중요한 다른 원칙은 시간-의식의 높은 단계를 보여주는 "시간의 아들"이 되는 일입니다.

삶의 매 순간을 운명이 허락한 것으로 여기시오,
과거에 대해서도 염려하지 말고, 다가올 날들을 두려워하지 마시오(82)

수피는 시간의 아들 - 수피는 시간에 감사하네,
시간을 자기 아버지처럼 존경하고 시간에 시중을 든다네(『마스나위』, 3:54)

"시간에 시중을 드는 일"은 꾸물거리지 않고 해야 할 일을 마치는 것입니다. 나쁜 모든 버릇은 가시와 같고, 가시를 늦게 **빼**는 사람은 다음 비유 이야기에 나오는 사람처럼 속게 됩니다.

가시나무

어떤 사람이 길 위에다 가시나무들을 심었습니다. 나무가 자라자 지나가는 사람들의 발을 아프게 하고 옷을 찢었습니다. 도시의 관리는 사람들을 괴롭히는 이 나무들을 뽑아 버리라고 이 사람에게 말했습니다. 하지만 이 사람은 나중에 할 것이라고 말하면서 뽑는 일을 제쳐 두었습니다. 어느 날 관리는, '날이 갈수록 가시나무는 더 거세지고 당신은 더 허약해지는구려. 지금 뽑을 수 없다면 앞으로 어떻게 뽑을 수 있겠소?' 라고 말했습니다(『마스나위』, 2:45).

- 의미 있는 이야기군요. 하지만 우리는 왜 우리의 잘못을 보지 못할까요? 또한 잘못을 본다고 해도 아니면 볼 때에도, 왜 당장 잘못을 없애지 못하는 걸까요?

- 나쁜 행동을 계속하면, 그런 행동은 성격의 한 부분이 되어 버리고, 더 이상 나쁜 것으로 보이지 않게 됩니다. 하지만, 분명한 핵심을 가지고 있는 사람이 죄를 저지르면, 이 사람은 즉시 용서를 구합니다.

- 그런데 선함이 사람의 핵심 안에 먼저 찾아오면, 사람이 양심을 통해 악을 어떻게 참아 낼 수 있을까요?

- 첫 번째의 악행이 저질러질 때 양심은 매우 예민합니다. 하지만 악한 생각과 행동이 반복되면, 아짐Azim의 이야기에서와 같이 양심도 그 예민함을 잃어버립니다.

아짐 이야기

이스라엘 자손들 가운데 아짐이라는 이름을 가진 사람이 나쁜 뜻을 가지고 집을 나왔습니다. 그는 큰 돌을 들어 올리려는 사람을 만났습니다. 아짐은 호기심을 가지고 이 사람을 바라보았습니다. 이 사람은 다른 돌을 가져다 처음의 그 돌 위에 올려놓았습니다. 그러자 두 개의 돌이 조금씩 움직이기 시작했습니다. 세 번째 돌을 가져왔을 때 이 사람은 이 돌들 모두를 쉽게 들어 올릴 수 있었고, 그리고는 가버렸습니다. 아짐은 매우 놀랐습니다. 돌 하나도 들어 올리지 못하는 사람이 어떻게 세 개 모두를 옮길 수 있단 말인가? 가는 길에 도시에 도착해서 문 앞에서 나이 든 사람을 만났습니다. 그리고는 자기가 본 이상한 경우를 얘기했습니다. 나이든 사람은, '돌들은 죄를 나타낸다네. 첫 번째 돌은 자기가 보기에 무거워서 감당할 수가 없지. 두 번째는 첫 번째를 더 가볍게 만들고, 세 번째 이후에 죄는 습관적인 것이 된다네' 라고 말했습니다(『마자리시 사바』, 113-115).

- 시간이 지나면 죄가 습관적인 것이 된다…… 그리고 그 다음에는요?

- 좋건 나쁘건 간에, 습관은 결국에는 내면화 됩니다. 즉 악은 악이 아니라 필요가 됩니다. 이런 사람은 다음 이야기에 나오는, 향수 가게 옆에서 현기증을 느낀 가죽장이처럼, 가시나무를 장미로 보고, 사향주머니를 찌꺼기로 봅니다.

장인은 왜 현기증을 느꼈나?
콘야에 가죽공이 있었습니다. 그는 하루 종일 가죽을 다루어서

몸에서 역겨운 악취가 났습니다. 어느 날 이 사람이 향수 가게 옆을 지나게 되었습니다. 이 불쌍한 사람은 벼락을 맞은 듯이 길 한 가운데 쓰러졌습니다. 사람들이 주위에 몰려들었고, 옷에 단추를 풀고 회복시키려고 향수를 가져왔습니다. 이들은 노력을 계속했지만, 가죽공은 점점 나빠졌습니다. 어찌할 바를 몰라서 사람을 보내 친척에게 알렸습니다. 이 사람의 동생이 달려와서 무엇이 잘못되었는지를 금방 알아차렸습니다. 이 동생은 먼저 사람들을 흩어지게 한 다음, 동물 배설물 한 조각을 몰래 가져다가 형에게 냄새를 맡게 했습니다. 의식이 없던 형은 이 냄새를 들이 마시고는 기운을 차려 일어났습니다. 먼지도 꼭 필요할 때가 있습니다. 마찬가지로, 사람에게 동물 시체는 역겹지만, 개나 돼지에게는 맛있을 수 있습니다. 『마스나위』는 죄를 쇠에 쓴 녹에 비유합니다. 녹을 당장 없애지 않으면, 녹은 쇠를 썩게 하기 시작하고 천천히 쇠를 먹어 없애 버립니다. 또한 하얀 종이 위에 쓴 글씨들은 읽기 쉽지만, 거칠게 지우면 지워진 부분은 녹처럼 의미 없는 부분이 되고 맙니다. 이런 식으로 계속 지우면, 하얀 종이는 하느님을 믿지 않는 사람의 가슴처럼 검은 석탄 가루가 묻은 뒤범벅이 되고 맙니다(『마스나위』, 4:12).

- 하지만 우리는, 신께서 사람들에게 보내신 메신저 무함마드를 제외하고는 모두 잘못을 저지를 수 있다고 믿습니다. 그렇기 때문에 우리는 '죄를 저지르는 일'과 '죄를 우리 본성의 일부로 삼는 일'을 구별해야 합니다.

- 확실합니다. 우리는 우리의 죄를 씻어내는 도구, 즉 회개를 부여 받았습니다. 예언자 아담이 "실수"를 경험했을 때, 그는 용

서를 받았습니다. 하지만 사탄은 끊임없이 반란을 일으키기 때문에 저주를 받았습니다. 그렇기 때문에 착한 사람이 된다는 것은 죄를 전혀 짓지 않는다는 것을 결코 의미하지 않습니다. 오히려 저지를 수 있는 죄를 지은 다음 회개하면서 신께도 돌아가고 그 분의 끝없는 자비 속에 피난하는 것을 의미합니다. 회개가 좋기는 하지만, 그래도 계속 죄를 짓고 단지 회개에 의존하는 일은 옳지 못하며, 따라서 회개를 남용하면 안 됩니다. 실제로 모세와 그 민족을 쫓고 있었던 파라오가 바다가 자기 앞에서 닫히는 것을 봤을 때, 파라오는 땅에 엎드렸으나 소용이 없었습니다. 너무 늦기 전에 회개해야 합니다.

- 자 이제, 성숙함에 이르는 길에 대한 전체적인 생각은 갖게 되었다고 생각합니다. 그 다음은 무엇입니까?

- 더 나아가기 전에, 우리가 처음에 얘기한 것을 기억해봅시다. 이 세상에 보내진 하인과 하인에게 이곳을 맡긴 지배자에 대해서 얘기 했습니다. 지금까지 우리는 하인에 대한 얘기를 다루려고 해왔는데, 지금부터는 하인과 주인과의 관계를 살펴봅시다.

- 이 관계는 무엇에 토대를 두고 있습니까?

- 신과 그 분의 하인들 사이의 관계는 두 가지 핵심인, 믿음과 예배에 토대를 두고 있습니다. 먼저 신에 대한 믿음을 가져서 그 분의 명령을 완수할 필요가 있습니다. 『마스나위』나 루미의

다른 저작들 속에서 우리는, 신이 계심을 다루는 주제, 그리고 이성을 통해 그 분이 계심을 알 수 있는지의 여부를 다루는 문제들 뿐 아니라, 종교, 예언자들, 성서, 운명 등과 관련된 주제들을 찾아보도록 합시다.

VI. 믿음과 그 주요 요소들

— 저의 첫 번째 질문은 이성을 통해 신을 알 수 있는 지, 없는 지 입니다.

— 루미는 이 질문에 대해 조건을 달아 "알 수 있다"고 대답합니다. 이성은 증거를 필요로 합니다. 하지만 신은 증거를 필요로 하지 않습니다. 신의 핵심을 알 수 없어도 신의 업적은 이성으로 파악할 수 있습니다. 다음의 이야기가 이 점을 설명합니다.

건강은 어디에 있는가?

어떤 무신론자 철학자가 병에 걸려, 믿을 만한 의사에게 갔습니다. 의사가 '무엇을 원합니까?' 라고 묻자 철학자는 '건강' 이라고 대답했습니다. 그러자 의사는, '건강이 무엇처럼 보이는 가를 말해주세요. 그래야 진료를 하고 치료를 할 수 있습니다' 라고 말했습니다. 철학자는, '건강은 보이지 않으니 어떤 것 같다고 말할 수 없네요'

라고 놀라며 말했습니다. 의사는 계속해서, '건강이 어떤 것처럼 보인다고 말할 수도 없으면서 어떻게 건강을 요그할 수 있습니까?' 라고 묻자, 철학가는, '좋아요, 내가 건강을 말할 수 없어도 어떤 사람이 건강할 때 그 사람은 활기차고 명랑하다는 것은 압니다' 고 대답했습니다. 그러자 의사는, '저는 건강 그 자체가 무엇인지를 물어보았습니다' 라고 얘기하고, 철학자는, '건강이 우리 눈에 보이지 않으니 당신에게 말할 수 없소' 라고 결론을 내렸습니다.

이런 비유 이야기 다음에 루미는 비슷한 방법으로 전능하신 신이 묘사될 수 없지만, 그 분의 업적은 보인다고 말합니다. 땅과 하늘을 보십시오. 구름이 비를 만드는 방법을 어떻게 '배웠습니까?' 그리고 땅이 식물을 자라게 하는 방법을 '배웠습니까?' 그렇다면 당신이 볼 수 없는 어떤 분이 계셔서, 당신이 보고 있는 일이 벌어지게 한다는 것을 알아야 합니다. 마찬가지로 전능하신 하느님은 목소리를 필요로 하지 않지만, 그 분은 그 분의 말씀을 모든 말, 낱말, 언어를 통해서 듣게 하십니다. 이것은 다음과 같이 비교될 수 있습니다. 사막의 여행자 쉼터 근처에 샘물이 있습니다. 이 샘물 안에 사람과 새의 모습이 보입니다. 물은 사람과 새의 입에서 나오는 것처럼 보입니다. 그러나 물은 다른 데로부터 나온다는 것을 모든 사람들이 압니다(푸루잔파르, 57). 이런 이야기들에 다소 논쟁거리가 있지만, 루미는 왜 신이 있음을 이성을 통해 증명하려고 하지 않을까요?

- 증거를 통해 신을 안다면 믿음은 오래가지 못합니다. 자신의 가슴으로 신을 아는 현명한 사람은 언제나 그 분과 함께 있습니다. 자신과 언제나 함께 계신 그 분이 계심을 증명해야 할 필요가 있을까요? 루미는 다른 사례를 보여줍니다. 사람은 자

기가 사는 집을 다른 사람이 지었다는 사실을 압니다. 더욱이 이 다른 사람은 어떤 계획과 능력이 있었고, 살아 있을 때 자기 집을 지었다는 것도 압니다. 하지만 이런 것들을 너무도 빨리 잊어버리고 오직 집만을 생각합니다. 하지만 현명한 사람은 집을 지은 지배자를 인정하고, 그 분께 헌신하고, 자기 시간을 그 분과 함께 사용하기 때문에 증거가 필요 없으며, 지배자는 자신으로부터 결코 떠나지 않습니다(푸루잔파르, 67).

반면, 이성은 신에 대해 제한된 이해를 합니다. 이성은 당신을 어느 정도까지만 데리고 갈 뿐입니다. 루미는 이성이 어느 정도까지 우리에게 유용한지, 그리고 어디에서 더 이상 도움이 못되는 지를 설명합니다. 바다를 당신의 가죽부대에 담고 있었다고 말할 수 있지만 이런 말은 불가능합니다. 대신, '내 가죽 부대가 바다의 광활함 속에 묻혀 있었다' 고 말하면 정확할 것입니다. 이성은 당신을 절대적인 지배자의 문턱까지 데리고 갑니다. 당신이 거기에 도착하면, 여기에서부터 계속 그랬던 것처럼, 이성을 해로운 것으로 여겨 포기해야 합니다. 거기서 당신은 당신 자신을 신에게 맡겨야 합니다. 예를 들어, 당신의 이성은 당신을 양복점까지 데리고 갈 수 있지만, 양복점에 도착하면 양복점 주인에게 일을 맡기고 당신 이성의 사용을 중지해야 합니다. 아니면 병원까지는 갈 수 있지만, 병원에 도착하면 의사가 말하게 놔두어야 합니다(푸루잔파르, 168).

어떻게 신을 이성으로만 이해할 수 있습니까? 그 분의 핵심은 이해를 넘어서며, 그 분이 하시는 일은 매 순간 다르게 드러납니다. 예를 들어 당신은 신의 피조물이지만, 당신은 매 순간 마다 다른 상태에 있으면서 다른 모습으로 나타납니다. 신 역시 매 순간 마다 신이라는 그분의 존재를 드러내는 모든 속성들과 이름들을 가지고 다르게 나타납니다. 예를 들어, 당신이 즐거움, 슬픔, 두려움을 느낄 때, 당신 안에 나타나는 그 분의 모습은 각각 다릅니다(푸루잔파르, 170).

　- 결국 이성과 신앙은 갈등상태에 있지는 않지만 이성이 끝날 때 신앙이 시작된다는 뜻이군요.

　- 정확합니다. 사실, 이성으로 신이 계심을 증명하려는 일을 루미는 반대합니다. 루미는 이런 일을 오만으로 보지요. 샴스의 반응을 보십시오.

나는 신이 계심을 증명하였다

　어떤 증거를 가지고 신이 계심을 자신이 증명하였다는 사람의 얘기를 샴스는 들었습니다. 다음 날, 샴스는 비꼬듯이 말했습니다. "어젯밤, 천사들이 '신의 덕택으로, 이 사람이 신의 계심을 증명했다는군요. 우리는 그 분을 여태 알 수도 없었는데. 우리가 그 동안 드린 모든 기도와 영광도 결국에는 헛되지 않았나요"라고 서로 얘기하는 걸 들었지. 아, 이런 사람 봤나. 그 분은 항상 계셔. 그 분 앞에서 자신의 위치와 등급의 증명이 필요한 사람은 바로 자네 아닌가! 일어난 일은 이런 것임에 틀림없어!"(푸룬자파르, 138).

　- 아주 적절한 가르침이군요. 자신이 신을 믿는다고 말하면서도 온 우주를 신께서 항상 조정하고 계신다는 것을 쉽게 받아들이

지 못하는 사람들도 많습니다. 이런 점에 대해 루미는 무슨 말을 합니까?

- 사실 신에 대한 믿음을 선언하는 것만으로는 충분하지 않습니다. 이 믿음은 당신의 생활의 모든 면에서 나타나야 합니다. 루미가 힘을 주어 강조하는 것도, 신에게 어떤 것들을 결부시키지 말라는 점입니다. 예를 들어, 어떤 사람은 진정한 후원자를 지지하기 위한 수단으로 눈에 보이는 근거들을 들이댑니다. 이렇게 해서 이들은 신의 하인들을 위한 하인이 효과적으로 됩니다. 루미는 이런 사람들에 대해 항의합니다. 비굴한 아첨을 통해서, 그리고 인간적인 품위를 포기함으로서 세속적인 등급이나 지위를 얻으려는 거의 모든 시대의 사람들에 대해 항의합니다. 루미는 이것을 다음과 같이 설명합니다.

"전능하신 신은 왕들을 작은 문처럼 창조하셨습니다. 자신들의 가슴을 이 세상에 묶어 놓는 사람들은 신 앞에서 무릎을 꿇지 않고 오직 문 앞에서만 무릎을 꿇습니다. 그리고 가장 천박한 사람들은 아직까지 개한테도 절을 합니다. 고양이가 쥐를 지배할 때, 겁 많은 쥐가 마음속에서 어떻게 사자를 두려워하는 마음을 가질 수 있겠습니까?" 신을 믿는 사람들은 '전능하신 주님' 하면서 기도하지만 바보들은 다른 하인들을 자신들의 주인으로 모십니다. 이런 아첨꾼이 있습니까! 당신의 후원자가 그렇게 낮은 사람이라면, 그 사람에게 도움을 청하십시오"(『마스나위』, 3:114).

- 그러니까 신을 모시는 데 실패한 사람은 다른 하인의 하인이 되고 마는 군요. 신의 메신저인 무함마드께서는, "사드는 가이

유르ghayyur이고, 나는 사드보다 더한 가이유르이지만, 신은 나보다 더한 가이유르다"라고 말씀하셨습니다. 신께서는 절대적인 권위를 갖고 계시며, 당신의 왕국을 우리와 나누는 것은 의문의 여지가 없습니다. 이 점을 분명히 하는 비유 이야기가 있습니다.

사자, 늑대, 그리고 여우

사자, 늑대, 여우가 친구가 되어 사냥을 나갔습니다. 실제로 사자는 다른 두 친구의 도움이 전혀 필요 없었지만, 이들이 자신을 원했기 때문에 따라 나섰습니다. 사자는 먼저 거친 황소를 사냥하고 그 다음 양과 토끼를 차례로 사냥했습니다. 그리고는 늑대에게, "늑대야, 나는 배가 너무 고프구나! 이리 와서 누가 무얼 먹을 자격이 있는 지를 말해봐"라고 했습니다. 그러자 늑대가 먹이를 나누기 시작했습니다. "사자는 우리들 가운데 제일 크니까 황소는 사자 거고, 양은 나한테 크기가 적당하고, 토끼는 여우에게 충분하고도 남는군요"라고 말했습니다. 사자는 화가 치밀어 날아가 한 방에 늑대를 죽여 버렸습니다. 그리고는 여우에게 머리를 돌려, "자 이제 네가 먹이를 어떻게 나누는지를 보여주어라"라고 말했습니다. 그러자 여우는 즉시 무릎을 꿇고, '왕이시여, 황소는 당신의 아침 식사에 좋고, 점심으로는 양을 드시는 게 좋습니다. 그리고 토끼는 저녁 때 간식으로 드십시오. 그리고 남은 찌꺼기를 저에게 즈시면 감사히 먹겠습니다"라고 말했습니다. 사자는 이렇게 나누는 방식이 마음에 들어, "잘했다, 여우야! 누구한테서 이런 멋지게 나누는 방법을 배웠느냐?"고 말하자, 여우는 생명이 끊어진 늑대를 가리키면서, "저기 누워있는 바보로부터 입니다"라고 대답했습니다. 그러자 사자는, "네가 너의 방법을 알았고, 두 명의 왕이 지배할 수 없다는 사실을 네가 알았기 때문에, 이 세 마리 모두 네 것이다. 나는 필요가 없다"고 말했습니다(『마스나위』, 1:119).

- 따라서 우리는, 오직 그 분을 기쁘게 해드리려고 그 분의 절대적인 권위를 인정해야 한다는 거군요?

- 맞습니다. 여기에 비유 이야기가 하나 더 있습니다.

신에 대한 감사

언젠가 전능하신 신께서 모세에게 "네게 어울리는 방법으로 내게 감사드려라"라고 명령하셨습니다. 이에 모세는 "주님, 이 하인이 제게 어울리는 방법으로 어떻게 감사드릴 수 있겠습니까?"고 여쭙자, 신은, "은총, 어려움, 축복, 재앙 어떤 것이든 간에 네게 오는 것은 다른 사람에게는 물론 네게도 똑같이 온다는 것을 생각하고 네게 어울리는 방법으로 내게 감사드려라"고 선언하셨습니다. 그리고 다른 때에, 신은 모세에게 당신께서 모세를 사랑하셨다고 말씀하셨습니다. 이런 명예에 너무나 기뻐한 모세는, "주님, 제 안에서 당신께서 좋아하신 것이 무엇인지를 말씀해주십시오. 그것을 더 해드리겠습니다"고 여쭈었습니다. 전능하신 신께서는, "어머니가 자기 자식을 때릴 때에도 자식은 어머니를 피난처 삼아 어머니 품안에 다시 안긴다. 자식은 다른 위안을 찾지 않는다. 좋은 경우든 나쁜 경우든 내 안에서 피난처를 찾아라. 너의 그런 행동이 나를 매우 기쁘게 할 것이다"고 말씀하셨습니다(『마스나위』, 4:112).

- 우리가 신을 기쁘게 해드리는 다른 방법이 또 있습니까?

- 네, 있습니다. 이와 관련해서 가장 높은 모습을 보기 위해서 다음의 비유 이야기를 들어보십시오.

어느 누구도 나보다 낫지 않다

바흐룰 다나Bahlul Dana가 어느 날 수도자에게, "어떠십니까? 잘 돼갑니까?"라고 물었습니다. 수도자는, "세상 모든 일이 자기가 원하는 대로 되는 사람을 상상해 보십시오. 제가 그런 사람입니다. 매일 제가 원하는 대로 해가 뜨고 집니다. 밤에는 제가 원하는 대로 별들이 반짝입니다. 강은 제가 원하는 방향으로 흘러갑니다. 삶, 죽음, 질병, 건강, 모든 것이 제가 원하는 대로입니다. 제가 더 이상 더 좋을 수 있습니까?"라고 대답했습니다. 바흐룰 다나는, '하지만 그런 것들이 당신이 원하는 대로 일어나는 것이 어떻게 가능합니까?"라고 다시 물었습니다. 그러지 수도자는 매우 의미 있는 대답을 했습니다. "이런 모든 것들이 신께서 원하신 대로 일어난다고 생각하고, 신께서 명령하시는 모든 일에 제가 기뻐한다고 생각하면, 저는 그분께서 원하시는 모든 일을 제가 원하는 것으로 받아들입니다. 이런 식으로 모든 일들은 당연히 이루어져야 할 방법으로 정확하게 이루어집니다"(『마스나위』, 3:72).

- 이것이야 말로 신에 대한 가장 높은 헌신이군요. 그러면 다른

질문을 할 수 있습니다. 믿는 사람의 내세는 믿음이 보장한다고 저는 이해합니다. 그렇다면 믿음이 이 세상에서 도움이 됩니까?

- 물론 됩니다. 당신이 상상하시는 것 이상입니다. 인간은 약하며, 사랑을 하고 사랑을 받을 강력한 방패를 필요로 합니다. 사람은 이런 모든 것을 전능하신 신, 진실하고 영원한 친구 안에서만 발견할 수 있습니다.

모든 것을 가지고 있어도 신이 없다면 아무 것도 아니네
아무 것도 없어도 그 분과 함께 있으면, 모든 것을 가지고 있네
(『마스나위』, 3: 1214)

부모와의 친교가 얼마나 지속될 수 있는가?
신을 제외한, 모든 친구들은 떠나간다네.
(3: 552)

- 위의 이행시들이 보여주듯이, 다른 사람에 대한 믿음에 의지하는 일은 헛됩니다. 그렇다고 우리가 모든 사람이나 모든 것에 대해 비관적이어야 합니까?

- 루미에 따르면 그렇지 않습니다. 모든 것에서 나름의 아름다움을 루미는 발견합니다. 전능하신 신께서 말씀하시듯이, 사람이 자기 가족으로부터도 도망을 칠 날이 오기 때문에(『아바사 Abasa』, 80:34-36), 그 때는 어떤 친구가 이 세상에서 당신으

로부터 멀어져도 울거나 불평하지 말고, 무식하게 행동하지 말고 당신을 바보로 만들지 마십시오. 당신의 감사를 표현하기 위해 자선을 베풀면서, '다행스럽게도, 확실히 벌어졌어야 할 일들이 아직 벌어지지 않더니, 오늘에야 벌어졌네. 이 친구와의 관계 때문에 내 일생 전부를 낭비하기 전에 이 친구의 진짜 얼굴을 보았으니 얼마나 다행인가? 내가 옷을 잘못 샀지만, 신 덕택에, 빨리 알 수 있게 되었네. 그렇지 않았더라면, 내 재산 전부를 날리고 파산했을 거야. 그래도 보상으로 가짜 동전을 갖고, 바보 같지만 그래도 행복하게 집으로 돌아 갈 수 있지 않나? 신 덕택에, 내 일생을 낭비하기 전에 돈이 그래도 가짜로라도 남았네' 라고 말해야 합니다.

결론적으로 이런 것들로 해서 당신이 사랑 받으셔야 할 그 분에게로 간다면, 모든 불행은 실제로 선행이고 은총입니다. 왜냐하면,

사랑받으셔야 할 그분에게로 이끄는 것들이 마음에 안 들어도,
그것은 위장한 축복이라네
(『마스나위』, 4:80)

- 사물을 보는 다른 시각이군요. 이에 대한 비유 이야기가 더 있습니까?

- 물론입니다. 자 보십시오.

나쁜 사람을 위해 기도한 설교자

죄를 진 사람들, 말을 잘 듣지 않는 하인들, 도둑들 등 모든 사람들을 위해 감사의 마음으로 기도한 설교자가 있었습니다. 모인 사람들이 항의하며 말하기를, '참 이상한 일이군. 방황한 사람들을 위해 기도하는 건 적당하지 않아' 라고 말했습니다. 그러자 설교자는, '저는 그 사람들로부터 혜택을 많이 받았습니다. 그래서 제가 그 사람들을 위해 기도하는 것입니다. 그 사람들은 너무도 나빴기 때문에 제게 선행이 얼마나 가치가 있는지를 가르쳐 주었습니다. 그 사람들은 제가 무엇에 의지해야 할지를 가르쳐 주었습니다. 제가 이 저급한 세상의 유혹을 받을 때, 그들은 저를 채찍질 했고 저주했으며, 그래서 피난처를 찾으러 전능하신 분께 저를 돌아가게 했습니다. 그러니 어떻게 제가 그 사람들을 위해 기도하지 않을 수 있겠습니까?' 라고 대답했습니다(『마스나위』, 4:5).

실제로 모든 적대자는 당신에게 치료제입니다. 당신은 이런 사람들로부터 도망 나와 신과 함께 피난처를 찾습니다. 신이 아닌 다른 일들로 당신을 계속 바쁘게 만드는 친구들은 당신의 실제적인 적들입니다. 믿는 사람들은 오소리 가죽과 같습니다. 두드릴수록 품질이 더 좋아지듯이, 고통을 더 받으면 더 아름답게 됩니다. 더 인내하면 더 아름다워집니다. 이런 이유로 해서 예언자들은 너무도 많이 고통을 받으신 겁니다. 결론적으로, 영원한 친구인 그 분으로부터 받는 재앙은 당신이 그것을 알지 못해도, 당신에게는 좋습니다. 그리고 실제로, 나쁜 사람은 자신들 만을 해칠 뿐이지 당신에게는 도움이 됩니다.

- 결국, 어려움에 닥쳐서, 믿음이 있는 하인들처럼 우리가 취할 필요가 있는 태도는 무엇입니까?

- 우리 생활에 닥치는 어려움은 대부분, 우리의 의도나 게으름을 통해서 우리 스스로가 우리에게 가져옵니다. 그러나 모든 어려움들은 우리가 하인으로서 뚫고 지나가야 할 시험의 일부에 불과합니다. 사람이 어려움에 닥쳤을 때 다른 사람의 도움을 청한다는 사실을 깨닫는 일은 중요합니다. 루미는 이런 사람들은 개에 비유합니다. "개도 자기를 먹여주는 주인을 떠나지 않으며, 주인에게 계속 충실합니다. 다른 사람들에게 문을 열어 주는 일은 신으로부터 받은 축복을 거스르는 일입니다. 개도 믿음이 없음을 부끄러워하는데, 당신은 어떻게 충성심을 살릴 것인가요?" 루미는 하인의 충성심을 아름다운 비유 이야기로 보여주고 있습니다.

하인이 되는 길

어떤 가난하고, 배고프고 허름하게 차려 입은 수도자가 하라트 Harat라는 도시에 머물게 되었습니다. 도시를 이리저리 떠돌다가, 특별한 품종의 말을 타고 비단 옷을 입은 귀족들을 보았습니다. 수도자는 이 귀족들이 누구인지를 궁금해 하다가 지나가는 사람에게, '저 주인들은 어떤 땅을 지배합니까?'라고 물었습니다. 행인은, '어떤 주인들이요? 지배라는 말은 무슨 뜻입니까? 저 사람들은 하라트 금고 관리인의 노예들입니다' 라고 대답했습니다. 그러자 수도자는 이 사람들과 자신의 초라한 처지를 비교해 보았습니다. 그리고 하늘을 보고, '주님, 당신의 하인을 보십시오. 그리고 하라트 금고 관리인의 노예들을 보십시오. 그 사람이 자신들의 노예를 어떻게 대접하는 지를 보십시오' 라고 말했습니다. 잠시 후에, 어떤 사람이 금고 관리인을 범죄로 고발하고 왕은 관리인을 감옥에 집어넣었습니다. 금고가 어디에 있는지 말하게 하려고 왕은 관리인을 고문했습니다. 관리인이 말을 하지 않자, 왕은 그 우아했던 하인들을 고문하여 말하게 했습니다. 쇠로된 기구에 살이 찢어지고 몸이 여러 조각이 나도 하인들 어느 누구도 자기 주인을 배반하지 않았습니다. 그 날 밤 수도자는 어디에선가 '현명한 이여!, 저들 하인들로부터 하인이 되는 법을 배워라!' 라는 소리를 들었습니다.

- 헌신이 값을 가지고 있군요.

- 네, 하지만 우리가 당연히 지불해야할 바로 그 한 분에게 이 값을 지불한다면, 전혀 손해는 없습니다. 루미는 사람들이 누구에게 헌신해야 하는 지를 설명합니다.
- 자신의 생명과 몸을 당연히 받으실 자격이 있는 오직 그 한 분에게 바칠 수 있는 사람은 얼마나 행복합니까! 모든 사람이 무언 가에 헌신하고 무언 가를 위해 살고, 그런 것들을 위해 죽어 갑니다. 행복한 사람은 자기 자신을 그렇게 축복받은 그 분에게 바치기 때문에, 자신의 죽음조차도 다른 수백 명의 사람들을 위한 수단이 됩니다(『마스나위』, 6:3552-54).

- 의심할 바 없이, 믿음의 중요한 사항은 운명에 대한 믿음입니다. 루미는 운명을 어떻게 이해합니까?

- 운명이 무엇인지를 먼저 살펴보고, 그 다음 루미의 견해를 봅

시다. 모든 존재는 그 소유자에 의해 모양이 정해집니다. 나뭇잎 하나도 신의 의지를 벗어나서 떨어지지 않습니다. 신의 의지가 그 분의 창조를 위해 정하신 것을 우리는 "운명"이라고 부릅니다. 하지만 눈에 보이는 원인들을 넘어서는 신의 의지를 보지 못하는 피상적인 눈으로는, 나뭇잎을 흔드는 바람이 나뭇잎을 떨어뜨린다고 받아들입니다. 루미는 이런 피상적인 판단을 다음의 사례로 설명합니다.

개미들

종이 위에서 움직이는 펜을 보고 개미는 펜을 칭찬하기 시작했습니다. 더 자세히 본 다른 개미는, '그러지 말고 펜을 쥐고 있는 손가락을 칭찬해야지. 손가락이 칭찬 받을 자격이 있지'라고 말했습니다. 처음 두 마리의 개미보다 더 자세히 본 개미는, '나는 팔을 칭찬하겠어. 손가락은 팔의 한 부분에 불과해'라고 말했습니다. 이런 식으로 얘기는 계속됩니다. 펜은 종이 위에 글을 쓰는 나름의 힘을 가지고 있지 않습니다(『마스나위』, 2: 48).

- 벌어지는 모든 일이 단 한 분의 손에 의한 작품이라면, 우주 안에 반대되는 것들이 있는 사실은 어떻게 설명될 수 있습니까? 실제로, 선함과 악함, 아름다움과 추함 등등이 있지 않습니까?

- 루미에 따르면 반대되는 것은 외형적일 뿐입니다. 왜냐하면 실제로, 모든 것을 다 품에 안는 우주 질서가 있기 때문입니다.

모든 존재들은 이 질서 안에서 자신의 역할을 합니다. 우리들 모두도 우리가 그것을 알건 모르건 간에, 이 질서 안에 포함되어 있습니다. 모든 사람이 어떻게 이 우주 질서에 기여하는 지에 대한 사례를 루미는 보여줍니다. "말 한 마리가 이음매 없는 벨트를 메고 계속 걷는 것은 물이나 기름을 얻기 위해서가 아니라 주인의 채찍에 대한 두려움을 피하기 위해서입니다. 황소가 멍에 밑으로 가는 것은 일이 하기 싫어서가 아니라 맞는 것을 피하기 위해서입니다. 전능하신 신께서 이들에게 두려움을 주신 목적은 이들이 그 분의 하인으로 일하게 하기 위해서입니다. 마찬가지로, 모든 일을 하는 사람은 그 일을 세상에 기여하기 위해서가 아니라 자기 자신을 위해서 하지만, 결국에는 일반적인 질서에 기여합니다"(『마스나위』, 6:83). 왕을 위해 천막을 칠 때, 누구는 말뚝을 박고, 누구는 밧줄을 조이면서 각자 나름의 의무에 신경을 쓰지만, 이들 모두는 왕이 천막 안에 앉는 것을 보는 공통의 목적을 가지고 있습니다. 따라서 신은 모든 사람의 의무 안에 즐거움을 허락하십니다. 천을 짜는 모든 사람이 고관이 된다면, 모든 사람은 벌거숭이로 남게 될 것입니다(푸루잔파르, 140).

자마흐샤리 Zamahshari 같은 많은 사람들이 『꾸란』의 해석에 대해 많은 책을 썼고 빛나는 문장들을 만들어 냈습니다. 이들의 목적은 자신들의 재능을 보여주는 것이었지만, 결과적으로 이들은 이슬람에 기여했습니다. 사람들은 자신들의 탐욕을 충족시키려고 합니다. 하지만 신은 이 세상이 지속되기를 원합니다. 이런 식으로 사람과 신의 목표가 달라도, 사람은 탐욕을 가지고 신의 목적을 알지 못하면서도 신의 목적에 기여합니다(푸루잔파르, 156). 이와 비슷한 예로, 터키 식 목욕탕의 열은 보일러실에서 만들어지고, 마른 풀, 장작, 거름이 열을 만들어 내는 재료들입니다. 이 재료들이 천하고 냄새가 나도 이 재료들은 목욕탕의 열을 만들어 내고 많은 사람들을 편리하게 하기 때문에, 실제로 목욕탕 주인에게는 축복입니다(푸루잔파르, 16).

선과 악에 대해서도 같은 논리를 루미는 적용하며, 다음과 같은 결론을 내립니다. 한 화가가 두 가지 다른 그림, 즉 잘 생긴 사람과 못 생긴 사람의 그림을 그려도 이들 그림을 보고 화가의 재능이 있다고 하지, 화가에게 재주가 없다고 판단하지는 않습니다. 자신이 본 추한 모습을 그리지 못한다면 그림은 완전한 작품이 못 될 것입니다. 신도 믿는 사람과 안 믿는 사람의 행동 모두를 만들어 냈습니다. 따라서 믿는 것과 안 믿는 것 모두 그 분의 주인 됨을 보여줍니다(『마스나위』, 2:92). 한편 우리가 받아들일 때는 그렇지 않아도 신께는 모든 것이 좋습니다. 어떤 왕의 땅에서는 재산이나 소유와 관련하여 교수형 집행인, 지하 감옥, 처형, 살인이 있을지 모르지만, 이런 것들은 모두 필요하고 좋은 것들입니다. 하지만 일반 사람들이 명예와 처형을 어떻게 하나이면서 같은 것으로 판단할 수 있을까요?(푸루잔파르, 45).

간절한 바람

신이시여, 부자는 매우 관대할 수 있습니다. 그러나 부자의 관대함은 당신께서 주신 것과는 결코 비교도 할 수 없습니다. 부자는 모자 하나를 기부했지만, 당신은 지혜로운 머리를 주셨습니다. 부자는 코트를 기부했지만, 당신은 몸 전체를 주셨습니다. 부자는 저에게 금을 주었지만, 당신은 금을 셀 수 있는 손을 주셨습니다. 부자는 제게 노새 한 마리를 주었지만, 당신은 그 노새를 탈 수 있는 지성을 주셨습니다. 부자는 저에게 초를 주었지만, 당신은 저에게 시력을 주셨습니다. 그 부자는 저에게 음식을 주었지만, 당신은 저에게 음식을 먹을 수 있는 입을 주셨습니다. 부자는 저에게 임금을 주었지만, 당신은 저에게 생명을 주셨습니다. 그는 저에게 집을 주었지만, 당신은 하늘과 땅을 주셨습니다. 당신의 집 안에서 부자와 다른 사람들은 살고 살이 찝니다. 더한 것은, 그가 제게 준 금은 실제로 당신에게 속한다는 사실이며, 결국 그는 아무 것도 창조하지 않았습니다! 당신은 저희에게 **빵**을 주시는 분, 부자에게 **빵**을 주시는 바로 그 분이십니다. 당신이 그에게 관대한 행동을 주셨으니, 당신께서 그를 관대하게 만드셨으니, 그가 관대하게 행동할 때 그의 기쁨을 더해주시는 분은 당신이십니다(『마스나위』, 6:117).

- 인간과 신과의 관계 속에서 바람이 필요함을 이해합니다. 그러나 두려움은 왜 필요하죠?
- 루미를 인용하면서 그 질문에 대답을 해보죠. "바람은 좋습니다. 그러나 두려움은 무엇을 위해서입니까?"라고 누가 묻자, 저는, "두려움 없는 바람, 아니면 어떠한 바람도 없는 두려움을 저에게 보여주세요!"라고 대답했습니다. 예를 들어 밀을 보았다고 합시다. 잘 자라기를 바라는 마음도 있고, 재앙으로 밀이 망가지는데 대한 두려움도 있을 것입니다. 바람은 사람의 날개입니다. 날개 크기에 맞추어 사람은 높이 날아갑니다. 회복되기를 전혀 바라지 않는다면 환자가 왜 쓴 약을 먹겠습니

까?(푸룬자파르, 114). 다음의 비유 이야기에서 루미는 바람이 어떻게 두려움을 넘어서야 하는지를 강조합니다.

누가 옳은가?

예언자 예수는 미소를 많이 짓지만, 예언자 요한은 많이 울 것이다. 어느 날 예언자 요한이 예수에게, '당신은 신의 노여움으로부터 안전합니까? 이렇게 웃고 있는 게 바로 그 때문이죠?' 라고 물었습니다. 이에 대해 예수는, '당신은 그 분의 자비를 믿지 못하기 때문에 그렇게 울고 있습니까?' 라고 대답했습니다. 이 장면을 본 어떤 성인은, '신이시여, 이들 가운데 누가 더 높은 단계에 있습니까?' 라고 기도 했습니다. 어디선가 소리가 들려왔습니다. '내 자비를 바라는 사람이 나를 두려워하는 사람보다 더 우월하다' (푸룬자파르, 73).

- 운명에 대해 많은 사람들은, 서로 다른 잠재 능력과 서로 다른 몫을 주면서 신께서 인간을 창조하셨다는 사실 때문에 마음이 흩트려집니다. 어떤 사람들은 이것을 정의롭지 못하다고 봅니다.

- 모든 사람들에게 신이 다르게 주신 이유를 루미는 설명합니다. "신이 허락하신 물건들을 보여주는 진열장을 지고 가는 사람에 인간을 비교할 수 있습니다. 가게에는 물건들이 많지만 진열장에는 후추, 수지, 설탕 등 견본들 조금 밖에 없습니다. 왜냐하면 진열장에 모든 것을 둘 수가 없기 때문입니다. 이와 마찬가지로 인간은 연설, 지식, 사고, 관용 등과 같은 능력을 조

금씩 밖에 갖고 다닐 수 없습니다. 이와 같은 모든 능력들은 신께 속하며, 인간들은 이러한 신의 보물들로 가득 찬 진열장을 지고 다니면서 길거리에서 파는 상인들과 같습니다. 보거나 듣는 능력만이 우리에게 주어지지 않았고, 훨씬 많은 능력들이 우리에게 주어져서 우리가 발휘할 수 있습니다. '우리는 신에게 속해 있고 그 분께로 돌아가기로 되어 있다'(바카라 2:156)는 말은, 우리가 가지고 있는 모든 것들과 마찬가지로 우리는 그 분의 창조물 그리고 하인으로서 그 분에게 속해 있다는 뜻입니다. 모든 것은 그 분으로부터 옵니다. 그 분은 우리에게 보이지 않지만 그 분의 업적은 진열장에서 볼 수 있습니다. 예를 들어, 당신이 봄바람을 볼 수 없지만, 봄바람이 불면, 모든 과수원과 들판에서 그리고 꽃 들 속에서 봄바람이 살아 있음을 관찰 할 수 있습니다. 이러한 모든 것들은 그 분의 천상의 빛으로부터 옵니다(푸룬자파르, 92).

다른 축복들도 필요에 따라 사람들에게 주어집니다. '물건이 하나만 있지 않고, (물건의 생명과 유지를 위한) 가게들이 우리와 함께 있으며, 적당하고 정해진 만큼만 우리는 물건을 내려놓을 수 있다'(『히즈르』, 15:21)는 구절로 신의 명령은 표현됩니다. 비는 한정되어 있지 않고 내려야 할 모든 계절에 내립니다. 사탕이 가게에 가득 차 있지만, 당신이 가지고 있는 돈 만큼만 살 수 있습니다. 설탕 덩어리도 당신이 가져 갈 수 있는 만큼만 부수어 팝니다. 가방을 가지고 온 사람과 낙타를 가지고 온 사람에게 주어지는 양은 다릅니다. 어떤 사람은 바다에도 만족 못하지만, 어떤 사람은 몇 방울의 물에도 만족합니다. 모든 것은 각자의 가치와 필요에 따라 주어집니다. 자신의 필요나 능력 이상의 것은 축복이 아닙니다. 사랑이 좋기는 하지만 파르하드Farhad와 마즈눈은 사랑이 지나쳐서 고통을 받고, 파라오는 세속의 재산이 너무 많아 방황합니다. 말씀도 듣는 사람의 필요에 따라 주어집니다. 듣는 사람은 빵 만드는 사람의 손 안에 있는 밀가루와 같고, 말씀은 물과 같습니다. 밀가루가 원하는 만큼 물을 더 붓습니다(푸루잔파르, 43-46).

- 루미를 읽는 사람에게도 마찬가지라고 생각합니다. 사람에 따라 배우는 것이 서로 다릅니다.

- 맞습니다. 그는 이것을 다음과 같이 설명합니다. "우리들의 말은 열쇠를 가지고 있는 사람이 조절하는 물과 같습니다. 이 사람이 자기 일을 포기하면 물은 어느 땅으로 가야 할지 모릅니다. 호박, 양파, 양배추 밭 아니면 장미꽃 밭 어디로 가야 합니까? 내가 아는 한 가지는 내 입에서 말이 너무 많이 흘러나오면 물을 댈 땅이 많고, 너무 적게 나오면 적실 땅은 조금 밖에 없다는 점입니다. 『하디스 쿠드시Hadith Qudsi』에는, 듣는 사람의 필요에 따라 설교자에게 연설의 능력을 신은 주신다는 말씀이 쓰여 있습니다. 제가 구두를 만드는 사람이라면 당신 발의 크기에 따라 가죽을 자릅니다. 옷감이 많아도 당신의 몸에 맞추어 자릅니다. 땅 밑에서 눈이나 귀도 없이 사는 작은 동물을 보십시오. 신이 인색해서 눈과 귀를 주시지 않으셨다고 생각하십니까? 이 동물들에게 이것들은 필요하지 않습니다. 어떤 필요도 없는데 어떤 사람에게 무엇이 주어졌다고 하면, 그것은 짐입니다. 예를 들어, 목수의 연장을 양복점 주인에게 주

면 짐이 될 뿐입니다. 땅 밑의 작은 동물처럼, 멀리 보는 눈이나 이성의 소리를 듣는 귀가 필요 없는 사람도 있는 데, 이런 사람들은 신의 얼굴을 갈망하지 않습니다. 이런 축복들은 저 너머의 세계를 갈망하는 사람들에게 필요합니다. 얻으려고 하지도 않는 사람들에게 이런 축복들이 왜 주어져야 합니까?(푸루잔파르, 162).

- 운명을 얘기 할 때, 사람들은 또한 인간의 자유의지를 떠올립니다. 일이 잘 안되어 갈 때, 사람들은 운명을 비난합니다. 이런 점에 대해 루미는 무슨 말을 합니까?

- 루미 뿐 아니라 다른 모든 순니 무슬림 학자들에 따르면, 사람은 자유의지 때문에 안 믿는 사람을 공격하고 믿는 사람을 좋게 봅니다. 하지만 신은 감당하지 못할 것으로 사람에게 짐을 지우지 않으며, 이룰 수 있는 것에 대해서만 책임을 지웁니다. 운명론을 가지고 다른 사람에 대한 공격을 정당화하는 사람에 대한, 『마스나위』의 사례를 보도록 합시다.

- 자신을 잡은 경비에게 도둑이 '내가 한 모든 행동은 신의 명령이야. 하나도 잘못하지 않았어'라고 말했습니다. 그러자 경비는 막대기로 도둑의 등을 후려치고는, '좋다, 그러니 내가 지금 하는 모든 행동도 신의 통제 안에 있는 거야'라고 말했습니다(『마스나위』, 5:124).

- 이제까지 우리는 믿음에 대한 여러 가지 측면에 관해 루미의

견해를 살펴보았습니다. 마지막 질문이 있습니다. 요즈음 루미를 초종교적인 인물로 보는 경향도 일부 있습니다. 루미의 사상이 이런 평가들과 양립할 수 있습니까?
- 루미는 그런 주장을 미리 예상한 것 같군요. 다음과 같은 대답을 이미 했습니다. "저는 『꾸란』의 하인이고, 선택 받으신 분, 예언자 무함마드의 먼지입니다. 저를 다른 식으로 인용하는 사람과 말에 대해서 저는 단호하게 답변할 것입니다." 그의 모든 작품들, 특히 『마자리시 사바』는 예언자 무함마드에 대한 자신의 사랑을 표현하는 시, 나아트naat로 가득 차 있습니다. 더욱이 『하디스』에 대한 자세한 설명을 하면서 다음과 같이 예언자 무함마드의 순나의 중요성을 표현하고 있습니다. "무슬림 공동체가 이슬람과 멀어지고 이어서 붕괴될 때, 순나를 굳게 붙들고 있는 사람은 100 명의 순교자에 해당하는 보상을 받을 것이다"(푸루잔파르, 12).

또한 신이 예언자 무함마드를 위해서 우주를 창조하셨다고 언급하는 『하디스 쿠드시』를 참고하는 루미에 따르면, 모든 예언자들과 성인들은 예언자 무함마드의 그림자의 한 부분과 같습니다. 그림자의 주인이 집에 들어오기 전에 그림자가 집에 들어가도, 들어가는 사람은 역시 그림자의 주인입니다. 따라서 이전의 예언자들이 먼저 왔어도, 그것은 상대적인 우선성일 뿐입니다. 손, 발, 아니면 다른 신체 기관이 무엇을 해도, 모든 업적은 지성어 주어집니다. 마찬가지로 다른 모든 예언자들의 업적은 실제로 예언자 무함마드에게 속한다고 루미는 설명합니다. 무함마드를 위해서 우주는 창조되었습니다.(푸룬자파르, 158).

- 다른 종교들에 대한 견해는 어떤 가요?

- 예언자 무함마드와 함께 다른 모든 예언자들의 수용을 이슬람은 규정합니다. 하느님의 마지막 종교라는 관점에서 이슬람은 다른 모든 종교들을 완성시킵니다. 아래의 인용문이 이에 대한 루미의 견해를 요약해줍니다.

우리의 조상들로부터 우리가 배운 것
- "자신들의 조상들로부터 배운 것을 따르면서 이슬람 받아들이기를 거부한다고 그리스도 교인들은 말합니다. 그러나 말해보십시오. 당신의 조상들로부터 가짜 화폐나 가짜 금덩어리를 물려받았다면 그것을 순금과 기꺼이 바꾸지 않겠습니까? 그것이 감상적인 가치를 가지고 있기 때문에 더 우월하다고 생각하십니까? 마찬가지로 당신들의 조상으로부터 못 쓰는 팔을 물려받았다면 그것이 조상으로부터 물려받았다고 해서 의사의 도움을 거부할 것입니까? 당신들의 조상들이 살다가 죽은 병들고 버려진 땅으로부터 신선한 공기와 물이 있는 다른 땅으로 이사를 가라고 권유를 받아도, 당신은 여전히 옛 땅을 고집할 것입니까? 신은 당신들에게 선과 악을 구별할 수 있는 다른 두뇌, 다른 눈, 그리고 다른 능력을 주었습니다. 당신을 아무 것도 아닌 것으로 이끄는, 당신들 조상의 마음을 따르지 마십시오. 하지만 당신을 진정한 존재로 이끄는 마음을 따르십시오."

요라쉬

　요라쉬의 아버지는 넝마주이였습니다. 왕은 그를 궁정으로 데려와서 훌륭한 매너와 전투를 위한 특별한 기술을 가르쳤습니다. 요라쉬는, '나는 여기에 넝마주의의 아들로 왔다'는 말은 하지 않았습니다. 다만, '다른 아무 것도 요구하지 않는다. 대신 고물상만 차려주면 된다'고 말했습니다. 개도 왕의 애견이 되면 쓰레기 주위를 맴돌지 않습니다. 새로운 향내를 찾습니다. 매도 마찬가지입니다. 자신을 더 잘 돌봐 주는 사람을 만나면 동물들도 자기 부모를 포기합니다. 이런 측면에서 사람이 동물보다 뒤처지는 것은 커다란 불행입니다.

　"예수에게 헌신하는 사람은 누구나 신에게 헌신한다"는 말은 정확합니다. 그러나 신이 예수보다 메신저 무함마드를 더 우선하여 보내셨다면, 신은 예수를 통해서 보다는 무함마드를 통하여 훨씬 더 많은 것을 드러내셨다는 뜻입니다(카바클리, 336-39).

　루미가 사람들을 이슬람으로 초대하지만, 그는 열린 마음을 가졌고, 다른 종교들을 존경합니다. 왜냐하면 자기의 종교를 따르는 사람들은 나름의 방법으로 올바름을 찾고 있다는 것을 그는 알고 있었기 때문입니다. 때때로 콘야에 있는 그리스 사람들이 그의 말을 들으려고 회합에 참가하기도 했으며, 이들은 지혜의 샘물을 마셨습니다. 터키 말을 이해하지 못했어도, 들으면서, 그들은 슬픔과 기쁨을 느끼고 울기도 하는 등 여러 감정들을 나타냈습니다. 어떤 사람은 무시하는 말투로, '무슬림들도 이 말들을 제대로 이해하지 못하는데, 그리스 사람들이 운다는 것은 별 것도 아니다'라는 말을 하기도 했습니다. 이에 대해 루미는, '저들이 글자 그대로의 말은 이해할 수 없지만, 내 말의 핵심은 이해한다. 저들은 얘기의 주제가 신, 그 분의 하인들에 대한 그 분의 배려, 그 분의 용서, 그리고 그 분의 벌이라는 것을 이해한다. 이런 말들 속에서 저들은 자신들의 사랑을 받으시는 분의 향내를 느끼고 감동을 받았다. 모든 사람들은 신을 사랑하고 진심으로 그 분께 간절히 바란다. 하지만 내면의 믿음에는 이름이 없다. 믿음이 말이라는 거푸집으로 흘러들어가서 굳어지면 모양을 갖추고 이름을 갖게 되며, 믿음과 믿지 않음이 된다'(푸루잔파르, 145)고 말했습니다.

같은 목적을 가진 열 명이 뜰이나 가게에 모이면, 얘기, 걱정, 거래를 통하여 하나가 됩니다. 심판의 날에 모든 사람들은 신을 생각하고, 신과 모두 하나가 될 것입니다(푸루잔파르, 41).

— 믿음에 대해서 토론을 했으니, 이제는 믿음이 자연적으로 요구하는 예배에 대해서 생각해 봅시다.

VII. 예배

— 모든 종교에는 일정한 예배 형식이 있습니다. 신은 왜 우리에게 자신에 대해 예배드리기를 요구할까요?

— 신이 자신에게 예배드리기를 요구한다는 말은 진실입니다. 예배는 자신이 하인 됨을 아는 일입니다. 신의 숨결로 자신의 몫을 부여받은 인간은 신에 대해 불평을 할 가능성을 항상 가지

고 있습니다. 하지만 때때로 자기 힘의 진정한 근원을 잊어버리고 자신을 높여서 파라오가 되기도 합니다. 그렇기 때문에 예배는 신에게 가까이 가는 수단이며, 신에 대해 불평을 하지 않겠다는 것을 일깨워 주는 수단이기도 합니다. 반면, "사람들이 기도나 단식을 하고 싶은 마음은 신이 자신들의 하인들을 자신에게로 이끌게 하기 때문에 생깁니다"(『디와니 카비르』, 1:375). 육체적 자아에 대한 투쟁이나 단식은 하지만 어렵습니다. 그러나 이런 어려움은 신이 하인을 자신으로부터 떨어뜨려 놓는 것보다는 낫습니다(『디와니 카비르』, 6:1769). 어떤 예배의 형태는 사회생활과 직접 관련됩니다. 더욱이 예배는 진지할 수도 있고 위선적일 수 있습니다. 예배의 진정한 뜻이 무엇인지 그리고 예배가 예배자에게 어떤 도움이 되는 지를 루미는 설명해줍니다.

"기도, 단식, 하즈Hajj, 그리고 신으로 가는 길에서의 투쟁 등 모든 것은 자신의 믿음에 대한 증인입니다. 금식에서는 합법적인 것도 억제하기 때문에 금지 사항을 결코 위반해서는 안 됩니다. 정해진 자선금인 자카트Zakat는 자기 재산도 희생하는 것인 만큼 같이 믿는 자나 동료의 것을 어떻게 훔칠 수 있겠습니까?"(『디와니 카비르』, 5:183, 199). 거짓 증인의 증언은 신의 법정에서 받아들여지지 않을 것입니다. 위선적인 예배는 사냥꾼이 뿌려 놓은 씨와 같아서 미끼에 불과합니다. 단식하고 있는 것처럼 보이는 고양이는 실제로 조심성 없는 먹이를 노리고 있습니다. 요약하면, 당신의 예배는 당신 믿음의 증인이어야 하며 증인은 반드시 믿을 만해야 합니다. 다른 식으로 믿는 사람은, 자신이 강하게 만들어 놓은 자신의 실을 파괴하는

제 3장 비유 이야기를 통한 루미의 이해　177

사람과 같습니다"(『마스나위』, 5:9)

— 그러면 신이 받아들일 만 한 예배는 어떤 것입니까?

— 루미는 예배드리는 행위를 씨나 어린나무를 심는 일에 비교합니다. 당신은 과일을 먹으려고 어린나무를 심고, 열매를 얻기 위해 씨를 뿌립니다. 그러나 모든 씨에서 싹이 트거나 모든 어린나무가 열매를 맺지는 않지요? 열매를 맺지 않는 어린나무를 심거나 알맹이 없는 씨를 뿌리는 사람은 자신의 노력을 낭비하게 됩니다. 루미에 따르면, 예배에서 진지하면, 당신은 정신적인 기쁨을 느낍니다. 기쁨의 소금과 후추는 갈망과 사랑입니다. 그렇지 않다면요? 그렇지 않다면, 당신의 상황은 자신이 무엇을 하는 지도 모르고 도는 쳇바퀴와 같습니다. 돈다는 점에서 보면 쳇바퀴나 카바 주위를 도는 순례나 모두 비슷합니다. 그러나 하나는 무의식적인 행위이고, 다른 하나는 분명한 목적을 가지고 의지에 가득차서 참여하는 행위입니다. 이렇게 이 두 가지가 같은 행위가 아니듯이, 우리가 앞에서 얘기한 두 가지 종류의 예배가 비슷하게 보이지만 본질에 있어서는 같을 수가 없습니다. 진정한 예배는 신 앞에서 모든 것을 잊어버리는 행위입니다. 루미는 이에 대해 다른 사례를 제시합니다. 어느 날 왕이 덕성을 갖춘 수도자에게, '신이 나타나는 것을 보는 영예를 누리게 되면, 나 자신도 기억해주시오'라고 말했습니다. 그러자 수도자는, '그 순간에는 당신은 물론, 제 자신도 기억하지 못할 것입니다'라고 대답했습니다(푸룬자파르, 20). 이런 종류의 예배는 신의 환영을 받습니다. 신이 어떤 사람을

선택하여 이 사람의 자아를 녹여서 그 분 자신의 존재로 만든다면, 그 분은 이 사람은 물론 이 사람을 따르는 많은 사람들의 소원을 채워 주실 겁니다. 이것은 다음과 같이 표현될 수 있습니다. 어떤 왕에게 특별한 노예가 있었습니다. 이 노예가 왕과의 면담을 허락 받기 전에, 탄원자들은 자신들의 소원을 써서 이 노예에게 건네주어 왕에게 보여주고자 했습니다. 그러나 왕이 자신 앞에 나타나자, 이 노예는 모든 것을 잊게 되었습니다. 그런데 노예가 무엇을 원했는지 왕이 궁금해 하자, 노예는 주머니를 뒤져서 탄원서들을 찾았고, 왕은 명령을 내려 이들의 요구를 들어 주었습니다(푸루잔파르, 20). 따라서 예배의 의미는 신을 사랑하고, 그 분께 완전히 굴복하는 것이며, 예배의 외형적인 형식이 다른 종교마다 달라져도 마찬가지입니다.

- 어떻게 달라지죠?

- 예언자 무함마드 이전에 기도와 단식은 같은 형식이 아니었으며, 이전의 종교들에서는 기도와 단식은 달랐습니다. 모세와 예수의 시대에는 『꾸란』의 핵심이 있었으나, 아랍에는 없었습니다. 그래서 의미만 유지된 것입니다. 예를 들어 약이 효과가 있다고 말할 때, 당신은 약의 형식이 아니라 치유를 얘기하는 것과 같습니다(푸루잔파르, 113).
"예배와 신을 기억하는 일은 각자의 가슴 속에 있는 믿음의 불을 살리는 부채질입니다. 하지만 불이 없을 때, 예배와 기억은 재를 부치는 일과 같습니다(마자리시 사바, 74). 『꾸란』

을 읽는 일도 마찬가지입니다. 『꾸란』을 완전히 외우는 사람인 하피즈hafiz도 있지만, 자신이 무엇을 암송하는 지도 모르는 사람은 호두를 가지고 노는 아이와 같습니다. 호두의 가치는 알맹이와 그 속의 기름입니다. 하지만 당신이 호두를 부수어서 이것을 가지고 노는 아이에게 준다면 아이는 안 받을 것입니다. 모든 호두로는 대체로 소리를 낼 수 있지만, 알맹이와 기름으로는 소리를 낼 수 없습니다. 예언자 무함마드의 동료들은 실제로 『꾸란』을 "먹었습니다." 큰 빵을 먹는 일은 힘들지만, 빵을 씹은 다음 뱉는 식으로 먹으면, 당나귀 수 만 마리가 나르는 빵도 먹을 수 있습니다. 『꾸란』을 암송하지만 이해하지 못하고 『꾸란』에 질색을 하는 사람들도 이러한 경우입니다. 『하디스』에는 이런 사람들을 이렇게 표현합니다. "『꾸란』을 암송하지만 『꾸란』은 이들을 저주한다"(푸루잔파르, 122).

- 가슴 속에서 신을 사랑하는 것으로 충분하니까 더 이상 예배는 하지 않겠다고 말하는 사람도 있습니다. 어떤 말도 하지 않고 어떤 교단이나 형식도 없이, 단순한 사랑을 통한 예배가 유효합니까?

- 루미에 따르면 단연코 유효하지 않습니다. "모든 의미는 일정한 형식 속에서 나타납니다. 믿음은 가슴 속에 있지만, 그 믿음을 말로 인정하지 않으면, 믿음을 가지고 있다고 보일 수가 없습니다. 기도는 행위이지만, 『꾸란』의 구절들을 암송하지 않으면 유효할 수 없습니다. 따라서 말이나 형식이 가치를 가지

고 있지 않다는 얘기는 잘못 되었습니다"(푸루잔파르, 113). 다음의 이행시에서 루미는 예배를, 사랑의 증인, 한 친구가 다른 친구에게 주는 선물로 묘사하고 있습니다.

사랑(예배)이 생각과 의도뿐이었다면
단식과 기도는 우리에게 의무처럼 필요하지 않을 것이네
친구들은 애착과 사랑의 표시로 선물을 주네
선물은 사랑과 애착의 증인.
선물에는 진실함과 함께 있음이 숨어있네
선물을 주는 것은 가슴에 새겨진 사랑의 구체적인 증인.
(1:2725-28)

― 그러면 어떤 종류의 예배를 루미는 가장 강조하죠?

― 특별히 두 가지 종류의 예배를 강조합니다. 인간이 상승하는 길인 기도, 그리고 신의 또 다른 축복인 단식입니다. 루미에 따르면 기도에도 두 가지가 있는데, 하루에 다섯 번 하는 기도와 24시간 계속하는 기도입니다. 첫 번째 기도는 일반 사람들이 하고 두 번째 기도는 신을 사랑하는 사람들이 합니다.

― 그러면, 예언자께서 말씀하신, "두 종류의 기도가 세상보다 낫다"는 말씀의 뜻은 무엇입니까?

― 루미는 다음과 같이 설명합니다. "『하디스』는 기도의 중요성을 강조하는 사람에게, 세상을 잃는 것보다 두 종류의 기도가

더 낫다, 모든 것이 기도 안에 있다는 점을 지적합니다"(푸루잔파르, 28).
- 기도보다 더 가치 있는 것이 이 세상에는 없나요?

- 어떤 회합에서 누가 똑같은 질문을 했을 때, 루미는 다음과 같이 대답했습니다. "기도는 하루에 다섯 번 정해져 있지만 믿음은 언제나 필요하기 때문에, 믿음은 기도보다 더 중요합니다. 기도에 대한 부주의에는 핑계를 댈 수 있지만, 믿음에 대한 부주의에는 핑계가 없습니다. 믿음이 없는 기도는 도움이 안 되지만, 기도 없는 믿음은 도움이 됩니다. 또한 기도는 종교마다 다를 수 있지만, 믿음은 전혀 바뀌지 않습니다"(푸루잔파르, 46).

- 우리가 무엇을 사랑하건 간에 우리는 실제로 신을 사랑해야 한다는 뜻이군요. 제가 정확하게 이해했습니까? 저의 두 번째 질문은 신이 왜 장막 뒤에서 자신을 드러내느냐는 것입니다.

- 매우 중요한 질문입니다. 루미의 대답을 들어봅시다. "자신의 부모, 배우자, 친구, 재산 등등 수 천 가지에 대한 사람들의 사랑은 장막에 가려져 있습니다. 그러나 이 세상을 떠나고 아무런 장막 없이 최고의 왕을 만나게 되면, 모든 사람은 자신의 모든 소망이 가려져 있었으며, 실제로 자신은 신만을 갈망했던 것을 이해하게 됩니다. 그러면 왜 왕은 그 분 자신을 그런 장막 뒤에 숨겨 놓았을까요? 그 대답은 다음과 같습니다. 우리는 태양 덕분에 보고, 걷고, 몸이 더워집니다. 태양은 과일을 달

콤하게 하고 열매들을 자라게 합니다. 하지만 태양이 조금 더 가까이 오면, 모든 것은 불에 타고 우리도 태워집니다. 전능하신 신께서 자신을 장막 뒤에서 보이실 때, 히아신스와 튤립이 산들을 아름답게 합니다. 그러나 그 분이 장막을 걷고 나타나시면 모든 산은 시나이 산처럼 어쩔 줄을 모를 것입니다(푸루잔파르, 50). 그리고 신께서 장막 너머에 계셔도 예배 속에서 항상 계시기 때문에 우리는 그 분을 어디에서나 볼 수 있습니다. 그러니까 신을 진정으로 사랑하는 사람에게 신이 나타나시는 것은 물이 고기에 대해서와 같다고 루미는 말합니다. "매일의 예배는 다섯 번 뿐이지만, 신을 진정으로 사랑하는 사람은 항상 예배 속에 있습니다. 왜냐하면 하루 다섯 번의 예배를 제외하고 수만 번의 예배도 이 사람의 도취된 머리를 만족시키지 못하기 때문입니다. 이 사람에게 이별의 순간은 함께하는 순간이며, 함께 하는 순간은 꿈과 같습니다. 사랑은 또한 목이 마릅니다. 따라서 사랑은 사랑을 위해서 목마른 사람을 찾습니다. 그렇기 때문에 밤과 낮처럼, 사랑과 사랑하는 사람은 서로를 쫓아 다닙니다. 어느 누구도 자기 자신을 얘기하지 않으며, "잠시만이라도 오세요"라고 말합니다. 이와 마찬가지로 어느 누구도 자신을 사랑할 수 없습니다."(『마스나위』, 6:2684)

- 이 이야기는 마치 천국을 땅으로 가져오는 것처럼 들리는 군요.

- 바로 그렇습니다. 그래도 루미는 말합니다. "당신이 신을 사랑하는 사람이라면 내 말을 들으시오! 높이 있거나 낮게 있는 것

은 신을 사랑하는 사람과 연관됩니다. 당신이 구덩이 안에 있을 수도 있으나, 그 분과 가까이 있으면, 당신은 천상의 관을 쓰고 있음을 알게 될 것입니다. 그 분과 함께 있지 않으면, 비록 당신이 천상에 있어도, 가장 낮은 처지에 있을 것입니다. 왜냐하면 사랑은 천국이고 천국은 사랑이 있는 곳이기 때문입니다. 신을 사랑하는 사람이 없는 천국은 지옥입니다. 사랑을 가지고 있는 사람에게는 아무 것도 부족하지 않습니다. 그 분과 함께 있지 않은 사람들의 삶은 신기루와 같습니다. 그러므로 등급이나 지위에 신경을 쓰지 말고, 오직 사랑을 받으시는 분 곁에 있는 것만을 신경 쓰십시오"(『마스나위』, 3:4555)

-지금, 기도가 무엇인지를 알 것 같습니다. 그러면 단식에 대해서 루미는 어떤 생각을 하나요?

- 일생동안 아주 조금 먹고, 때로는 3일에 한 번씩 식사를 했던 루미는 단식을 특별히 중요하게 생각합니다. 신의 축복, 또는 정신을 위해 호흡을 비우는 일로 단식을 묘사합니다. 단식에 대해 말하는 다음의 시 구절들은 여러 관점에서 특별히 주목할 가치가 있습니다. 단식에 대한 사랑을 노래하고 있습니다. "라마단이 왔네. 사랑과 믿음의 임금님의 깃발이 도착했네! 자, 물질적인 음식으로부터 멀리 있자. 정신적인 금욕은 천상으로부터 왔다네. 영혼을 위한 축제를 벌이자. 영혼은 육체의 짐으로부터 자유로워지고, 본성의 요구들은 막혀버렸네. 사랑과 믿음의 군대가 도착해서 방황과 불신의 군대를 물리쳤네. 이런 식으로 단식은 우리 구원을 위한 희생입니다. 따라서 우리 영

혼은 단식을 통해서 보다 큰 삶을 얻습니다. 우리에게 나쁜 행동을 하고 죄를 지으라고 명령하는 우리의 육체적 자아는 철저하게 정화될 필요가 있습니다. 라마단이 시작되면, 죄의 감옥 문은 부수어집니다. 영혼은 육체의 체포에서 벗어나 천상으로 올라가 사랑을 받으시는 그 분께 도착합니다. 라마단 기간에 천상으로부터 내려온 자비의 밧줄을 잡고, '육체'라고 불리는 우물에 갇힌 자신을 구출하십시오. 예언자 요셉이 우물 근처에서 당신을 부르니 서두르고 시간을 버리지 마십시오. 육체적 몸이라고 불린 그 당나귀의 소망, 즉 자신의 육체적 욕망에서 예수가 자신을 구했을 때, 그의 기도는 받아들여졌습니다. 손을 씻으세요! 정신의 음식으로 가득 찬 천상의 식탁이 내려왔습니다!"(『디비니 카비르』, 1. 459). "놀라운 잠재력을 가진 그 무엇으로 단식을 생각하시오. 단식은 당신에게 생명을 줍니다. 당신에게 가슴을 줍니다. 놀라운 무엇을 보고 싶으면 단식에 대해 놀라보시오." 단식에 대한 다음과 같은 말을 보십시오.

: 천상에 오르고 싶으면, 당신 앞에 와 있는 아라비아의 말이 단식인 줄 아십시오.

: 단식은 육체의 눈을 감기고 영혼의 눈을 뜨게 합니다. 당신 가슴의 눈은 멀었으니 당신의 기도와 예배도 빛을 가져오지 못합니다. 진리를 보여주지 못합니다.

: 인간 모양을 한 동물 안의 동물적인 측면을 단식은 빼앗아 갑니다. 이렇기 때문에 단식은 인간 안의 인간적인 측면을 성숙하게

만들기 위해 필요합니다.

: 신을 사랑하는 사람들의 생활이 '육체'라고 불린 부엌 때문에 어두워졌습니다. 단식은 이들 부엌에 불을 밝혀 줍니다.

: 악마의 위를 떼어 내는 단검과 같은 것, 아니면 육체적 자아에게 피를 흘리게 해서 악마를 살해하는 것보다 더 좋은 것이, 이 세상 어디에 있습니까?

: 비밀스럽고 특별한 임무를 띠고, 왕들 가운데 최고의 왕이신 분의 문에 서 있으면서, 그렇게도 빨리 혜택을 받는 것은 무엇입니까? 무엇이라고 생각하세요? 물론 단식이죠!

: 단식은 갈망하는 가슴들에 생기를 불어 넣어 주는데, 불쌍한 고기에게 물을 주는 것과는 비교도 안 됩니다.

: 초심자가 육체적 자아와의 투쟁을 시작했을 때, 가슴이 향하는 목적지까지 도달하기 위해서는 단식이 수만 명의 보조자보다도 더 도움을 줍니다.

: 이슬람은 5개의 기둥으로 이루어져 있습니다. 믿음의 선언, 정화를 위해 정해진 자선금, 순례, 단식, 그리고 예배입니다. 제가 신에게 맹세하건 대, 이들 가운데 가장 강하고 위대한 것은 단식입니다. 이들 다섯 개 가운데에서 신은 단식의 의미를 숨겨 두었습니다. 단식의 가치는 카드르*Qadr*의 밤과 같은 방법으로

숨겨져 있습니다.

: 단식은, 당신의 충성스런 하인들에게 예언자 솔로몬의 왕국을 주시는, 반지나 왕관과 같습니다. 신께서는 자신의 가장 특별한 하인들에게만 반지를 끼거나 왕관을 씌워주었 습니다.

: 단식 수행자의 웃음은 단식하지 않는 사람이 무릎을 꿇은 상태보다 더 낫습니다. 왜냐하면, 단식은 완전히 자비로우신 분의 식탁에 앉게 해주기 때문입니다.
: 당신이 깨닫지 못해도, 당신이 음식을 먹으면, 당신의 내면은 쓰레기로 채워집니다. 단식은 목욕과 같습니다. 단식을 통해 당신은 물질적-정신적인 쓰레기와 모든 악으로부터 정화됩니다.

: 지식의 빛으로 명예를 누리는 짐승을 본 적이 있습니까? 육체는 여전히 짐승과 같습니다. 단식을 포기함으로서 짐승을 따르지 마십시오!

: 당신은 신과 일체인 바다에서 떠나온 물방울과 같습니다. 어떻게 고향으로 돌아갑니까? 여기 길이 있습니다. 단식은 당신을 물길이나 비처럼 바다로 데리고 갑니다.

: 당신이 육체적 자아와 투쟁을 시작했을 때, "나는 쉽게 단식을 포기하지 않는다"고 말하십시오. 그런 다음, 당신의 몸을 바닥에 던지고 손뼉을 치고, 당신의 발을 밟고, 그리고 저항하십시

오!

: 당신의 육체적 자아는 당신의 가슴을 위협하는, 이기기 어려운 전사와도 같습니다. 하 지만 단식은 이 전사를 장미의 꽃잎처럼 흔들리게 합니다.

: 그들은 생명의 물을 담고 있는 어둠에 대해 얘기합니다. 생각하는 마음에게 어둠은 단식입니다. 『꾸란』의 빛이 당신의 영혼 속에 있기를 원한다면, 전체 『꾸란』의 순수한 빛의 비밀이 단식이라는 사실을 아십시오.

: 천상 식탁에 앉은 순수한 사람들. 영혼에 호소하는 식탁들. 여기에 단식이 있습니다. 단식은 당신을 그들과 함께 같은 음식을 들게 합니다.

: 단식을 통해 당신은 낮과 같이 가슴이 밝은 사람, 순수한 영혼을 가진 사람이 됩니다. 그리고 왕과의 재회의 날에 단식은 당신의 존재를 성스럽게 만들고, 세속의 존재와 자아로부터 구해줍니다.

: 단식의 달이 다가오면 즐거운 기분으로 맞고, 축복받은 달이 다가오는데 대해 신께 감사드리십시오! 라마단이 온 것을 언짢게 여기고 라마단으로 기분이 나빠지는 사람에게 라마단은 나쁘기 때문에, 이러한 사람은 단식을 할 자격이 없습니다(『디비니 카비르』, 2, 803). "가슴이여!, 당신이 단식을 할 때 당신은 신의

손님입니다. 천상의 식탁이 당신의 것입니다! 이 축복받은 달에 당신은 지옥의 문을 닫아버립니다. 따라서 당신은 천국으로 이끄는 수천 개의 문을 열게 됩니다!"(『디와니 카비르』, 2, 803)

- 그렇습니다. 이와 같은 표현들은 단식에 대한 너무도 깊은 사랑을 보여주고 있기 때문에 모든 이슬람 문학에서도 아주 뛰어난 내용들입니다. 하지만 저는 예배에 대해서 질문이 하나 있습니다. '내가 예배의 모든 의무를 완수한다면 나는 두 세상 모두에서 확실하게 구원을 받을 것이다' 라고 생각하는 사람을 본 적이 있습니다. 정말 구원을 받습니까? 이 세상과 천국에서 우리가 누리는 축복과 예배를 교환할 수 있습니까?

- 아이구, 아닙니다! 어떻게 그런 일이 가능합니까? 예배는 축복에 대한 교환이 결코 될 수 없습니다. 아마도 축복을 받게 해주는 수단은 될 수 있습니다. 이런 점에 대해 다음의 비유 이야기는 아름다운 사례입니다.

예배에 대한 보상과 물병

베두인 가족이 사막에 살고 있었습니다. 어느 날 밤, 부인이, '여보, 무슨 일이 우리들에게 일어날까요? 얼마 동안 더 가난에 고통을 받아야 하죠? 바그다드에 정의롭고 관대한 칼리프가 있으며, 도시는 그의 관대함 때문에 봄날과 같다는 얘기를 들은 적이 있어요. 그는 어떤 것도 거절하지 않는다는 군요. 거기 가서 우리 사정을 얘기해 볼 생각이 없으세요? 아마도 당신이 빈손으로 돌아오지 않을 겁니다'고 투덜댔습니다. 남편은, '좋아요. 하지만 선물 없이는 갈 수가 없소. 뭔가를 요구하기 위해서는 뭔가를 가져가야 되지 않겠소? 하지만 가져갈게 아무 것도 없구려'라고 대답했습니다. 부인은 잠시 생각하더니 뭔가를 찾았습니다. '물병 안에 빗물이 있어요. 그들이 도시에서 어떻게 이렇게 순수한 물을 찾을 수 있겠어요? 좋은 선물이 될 거예요. 물병을 깨끗이 하고 뚜껑을 덮을 테니, 당신은 바그다드로 길을 떠나세요'라고 말했습니다. 얘기를 더 하기 전에, 여기서 제가 강조하고 싶은 것은 물병은 육체를, 물은 예배, 하인의 지위, 신의 지식을 상징합니다. 왕은 물론 모든 존재의 소유자입니다. 베두인이 하는 일, 바쳐지는 물, 선물을 누가 갖느냐 등도 생각해봐야겠습니다. 하여튼, 남편은 아내의 생각에 확신이 들지는 않았으나 아내를 만족시킬 다른 방법을 못 찾고 길을 떠났습니다. 왕과의 만남을 허락 받았을 때, 왕은 이 사람을 친절하게 대해주었으며, 그의 선물을 받고는 신하에게 명령을 내렸습니다. '이 물은 너무나도 소중하다. 물 한 방울마다 황금 동전의 가치가 있다. 물병을 당장 비우고 금으로 가득 채워라. 그리고 우리의 손님을 강을 통해서 집으로 돌아가게 잘 모셔라.' 불쌍한 베두인 사람은 이 말을 그대로 받아들이고 '그래 내 처가 옳았어. 내가 가지고 온 물은 너무나 멋진 선물이었어'라고 중얼거렸습니다. 하인들이 그를 배에 태워 드넓은 티그리스 강가로 데려 갔을 때, 그는 강이 깊고 강물이 맑은 데 마음을 빼앗겼습니다. 그리고는 물 쪽으로 몸을 굽혀 물 한 모금을 마셨습니다. 물은 샤베트보다 더 맛있었습니다. 그래서 그는 이전에 생각한 것을 부끄럽게 느꼈습니다. '내가 바보지. 내 형편없는 생각에 슬프구나. 여기 왕궁 옆을 흐르는 엄청나고 달콤한 물이 있네. 내 물병에 들어 있는 쓰고 흙이 섞인 물이 왕에게 필요했을까? 왕이 내 선물을 받은 것을 내 영광으로 알고, 창피한 줄도 모르고 선물을 받았구나! 내가 가져간 것에 대한 보상으로 왕은 축복을 준거야(『마스나위』, 1:91)라고 말했습니다.

이와 같은 모든 얘기를 보면 다음과 같은 결론에 이르게 됩니다. 우리의 예배를 통해 천국에 들어가고 신의 얼굴을 볼 수 있는 비용을 지불할 수는 없습니다. 이 우주의 주인은 으리가 그 분께 드리는 것을 필요로 하지 않습니다. 그 분은 우리에게 천국, 즉 모든 것을 허락하는 표시로서 우리의 예배를 받아들이십니다. 진정하게 현명한 사람은 이 사실을 압니다. 따라서 이런 말이 있습니다.

> 금욕주의자는 자기 행위를 믿고 확신에 차서 잠을 자네,
> 하지만 현명한 사람의 눈은 자신의 모든 행위를 보지 못 한다네
> (『마자리시 사바』, 124)

– 신에 대한 간절한 바람 역시 예배의 한 형식이죠?

– 물론 그렇습니다. 그것은 예배의 핵심이라고도 말할 수 있습니다. 하지만 신에 대해 가장 뛰어난 바람은 다른 사람을 위한 것입니다. 그것을 얻는 방법은 당신이 베푸는 호의를 통해서 다른 사람이 당신을 위해 기도를 하게 만드는 데 달려 있습니다. 다음의 비유 이야기가 바로 이 점을 보여줍니다.

죄를 결코 짓지 않은 입

다른 사람의 입을 통해 기도할 수 있을 까요? 가능해보이지 않습

니다. 어느 날 전능하신 신은 이것이 가능함을 모세에게 보여주기 위해 모세에게, 죄가 없는 입을 가지고 당신께 간절히 바라라고 명령하였습니다. '저는 그런 입을 가지고 있지 않습니다'라고 모세가 대답하자, '그러면 다른 사람의 입으로 나에게 바라도록 하여라. 네가 다른 사람의 입으로 죄를 짓지 않았으니 말이다'라고 신은 말했습니다. '주님, 다른 사람의 입으로 어떻게 당신께 바랄 수 있습니까?'라고 모세가 말하자, 신은, '다른 사람에게 좋은 일을 하도록 하여 그 사람이 너를 위해서 기도하게 하여라. 그러면 여러 개의 입이 밤낮으로 너를 위해 기도할 것이다'(『마스나위』, 3:8). 얼마나 아름다운 기도입니까!

VIII. 친구에게 돌아감

지금, 처음에 우리가 언급한 하인을 기억해 봅시다. 그는 특별한 숙제를 가지고 왕에 의해서 이 세상에 보내졌습니다. 드디어, 그가 돌아갈 시간이 되었습니다. 우리는 질문과 답변을 정리해야 합니다. 어떻게 돌아가면 그가 환영을 받을까요?

루미는 우주가 창조된 이유가 바로 인간성 때문이라고 말합니다. 열매를 맺으려고 나무를 심을 때, 나무를 창조한 이유는 최고의 열매인 성숙한 인간입니다. 뿌리, 가지, 잎 등 모든 것이 열매보다 먼저 자라지만, 열매는 다른 것들보다 더 많은 가치를 가지고 있습니다. 인간이 다른 피조물과 갖는 관계 그리고 인간이 있게 된 사실에 대해서도 마찬가지입니다(『마스나위』, 2:36-37).

사람이 성숙해지고 자신의 주님에게로 가는 하인으로 바뀌면, 창조에 숨겨진 신의 뜻을 깨닫게 됩니다. 그러나 성공이나 실패는 시험에 따라 평가됩니다. 농부의 성공은 수확 때 판결을 받고, 사람의 성공은 사람에게 수확 때인, 죽음의 순간에 판결을 받습니다. 따라서 루미는 죽음에 숨겨진 지혜를 설명합니다.

인간에게 죽음은 왜 허용되는가?

어느 날 모세가 신께 감히 물었습니다. '주님, 당신께서는 너무도 많은 존재들을 너무도 아름답게 창조하셨으나 이들은 모두 '죽음의 천사'의 낫에 의해서 사라집니다. 죽음에 숨겨진 지혜가 무엇입니까?' 그러자 신께서 대답하셨습니다. '그 이유를 알고 싶으냐? 그러면 네 밭에 가서 씨를 심어보아라. 수확 때에 대답을 알게 될 것이다'라고 말씀하셨습니다. 수확 때가 오자, 모세는 낫으로 곡식을 베고 갈아서 가루로 만들었습니다. 그 때 어디선가 소리가 들렸습니다. '모세야, 네가 키운 곡식을 왜 자르고 부수느냐?' 모세가 말했습니다. '곡식을 마른 풀로부터 떼에 내기 위해 잘랐습니다. 밀은 곡물 창고로 갈 것이고 마른 풀은 다른 창고로 갈 것입니다. 이렇게 구별하기 위해 잘랐습니다.' 전능하신 신께서 말씀하셨습니다. '내가 죽음, 심판의 날, 영혼들을 위한 수확의 시간을 만든 목적은 익은 것과 날 것을 나누고, 선을 악으로부터 구별하기 위해서이다(『마스나위』, 4:115).

- 수확 때에 밀은 많이들 좋아 하지만, 마른 풀은 발에 밟힙니다. 자기 영혼이 친구 그 분에게 바쳐질 밀과 같은 사람에게

죽음은 틀림없이 그렇게 힘들지 않습니다.
- 그렇습니다. 무시무시한 것은 죽음이 아니라 죽음이라는 거울에 비춰지는 우리들의 진짜 얼굴입니다. 왜냐하면 죽음은 자신만의 색깔을 갖지 않기 때문입니다. 거울은 아름다운 사람은 아름답게, 못 생긴 사람은 못 생긴 대로 보여줍니다. 아름다운 사람은 죽음의 시간을 애써 기다립니다. 아름다운 사람의 눈에 죽음은 사랑 받는 그 분과의 다시 만남입니다. 왜냐하면 당신이 보상으로 얻을 것이 당신의 생명보다 훨씬 더 가치 있는 무엇이라면, 죽음은 이익을 보는 거래가 되기 때문입니다. 따라서 루미는, '더 좋은 것이 없을 때에만 죽음은 좋다. 더 좋은 것이 있을 때, 삶은 그 가치를 잃어 버린다' 라고 설명합니다. 따라서 더 가치 있는 것과 자신의 목숨을 바꾸는 일에 머뭇거리지 말아야 합니다. 예언자 무함마드의 아저씨 함자 *Hamza*에 대한 사건을 루미는 얘기합니다.

함자가 보는 죽음

나이가 들어 함자는 갑옷을 입지 않고 전투에 참가하기 시작했습니다. 지켜보는 사람들은, "더 젊었을 때나 더 힘이 셌을 때에도 항상 조심스럽고 갑옷을 입지 않고는 싸우려고 하지 않았는데. 지금은 더 늙었는데도 더 조심을 하지 않는구먼. 왜 명령을 듣지 않소. 스스로 위험에 빠지지 마시오"라고 말했습니다. 함자가 대답했습니다. "그 당시 이 세상을 떠나는 것은 허무하게 보였고, 용의 입 속으로 내 자신을 던지는 것 같았습니다. 어느 누구도 자신을 용의 입 속으로 던지는 걸 원하지 않습니다. 하지만 지금은, 사랑받으시는 분을 보려고 죽음을 찾고 있습니다. 저에게 죽음은 그렇게 위험한 것이 아니며, 죽음으로부터 도망치고 싶지 않습니다. 죽음이 위험인 사람 누구나 죽음에서 도망치게 내버려 두면서 '스스로 위험에 빠지지 마시오'라고 명령해 보십시오"(『마스나위』, 3:131).

따라서 죽음의 못 생긴 얼굴이 바뀔 때, 죽음은 더 이상 죽음이 아닙니다. 죽음으로 보여도 실제로는 다시 만남입니다(『마스나위』, 3:177). 새장에 갇힌 새를 뜰에 내놓으면, 이 불쌍한 새는 새장 밖의 다른 새와 만나기를 바랍니다. 만날 수 없어도 새장 밖으로 자기 머리나 다리를 내밀고 자유로워지려고 합니다. 하지만 새장 옆에 고양이가 숨어서 기다리고 있으면, 자기의 소중한 생명을 잃을 까 두려워하면서 더 많은 새장이 자기 새장 위에 있기를 바랍니다. 결국 죽음을 실제로 두려워하는 사람은 죽음 뒤에 올 것을 두려워합니다(『마스나위』, 3, 151).

- 죽음을 왜 루미가 '다시 만나는 밤'이러고 했는지 함자의 행동을 보면 이해할 수 있습니다. 그러나 우리가 그 분을 만나러 갈 때, 그 분은 정확하게 무엇을 요구할까요?

- 그 분은 우리들 자신 이외에는 아무 것도 요구하지 않습니다. 우리는 앞에서 '우리가 무엇이다'와 '우리가 무엇을 갖고 있다'의 차이를 말한 적이 있습니다. 전능하신 신, 그리고 모든 것의 진정한 소유자는 우리가 누구인지를 보시지 우리가 무엇을 갖고 있는지를 보시지 않고 보시는 것에 따라 판결하십니다. 우리가 천상에 가지고 갈 수 있는 것은 우리들 자신, 우리들 자신의 가슴, 그리고 우리들 자신의 영혼입니다. 그 문 앞

에서는 다른 아무 것도 따지지 않는 다는 것을 보여주기 위해, 루미는 예언자 솔로몬과 시바의 여왕 사이의 사건을 말합니다.

여러분들을 제게 가지고 오세요

시바의 여왕이 여왕 자신을 신에게 복종하게 하려는 예언자 솔로몬의 초대 편지를 받았을 때, 여왕은 어떤 중요한 사람이 이 편지를 보낸 걸로 이해했습니다. 초대를 받아들이는 대신, 여왕은 편지 보낸 사람을 선물로 기쁘게 하려고 낙타 40마리에 금을 실어 보냈습니다. 그러나 선물을 나르는 사절단이 예언자 솔로몬의 지역에 도착했을 때, 사절단은 길마저 금으로 포장되어 있는 것을 보고 놀랐습니다. 부끄러움을 느껴 그냥 돌아가려고 했으나 그래도 의무를 완수하기 위해 금을 가지고 들어갔습니다. 예언자 솔로몬은 자신에게 온 사절단에게 말했습니다. "이 금은 우리 노새의 목을 장식하는 데에만 쓸 만하군요. 저의 관심은 선물이 아니라 여러분 자신들입니다. 하여튼 당신들은 이것들을 실제로 소유하고 있지는 않지만 잠시나마 갖고 있을 뿐입니다. 이것들을 우리 어느 누구도 진정으로 가질 수 없습니다. 그냥 쓰도록 하세요. 나는 내 초대에 대해 어떤 대가를 기대하지 않습니다. 신께서 제게 보상을 주실 것입니다. 그러니 여러분 자신들을 선물로 가져 오세요. 여러분들의 가슴으로부터 천상의 육체에 대한 예배를 떼어 내세요, 그리고 신에 대한 믿음을 갖기를 바랍니다"(『마스나위』, 4:25).

이와 같이 전능하신 신은 우리가 우리 자신들을 복종시키는 것, 우리의 모든 가슴을 그 분께 드리는 것을 우리에게 요구하십니다. 루미에 따르면, 전능하신 신께서는 심판의 날에, 우리가 그 분께 드릴 무엇을 가지고 있는 지의 여부, 아니면 우리가 어떤 것도 가져 오지 않아도 창조되었을 때의 모습으로 왔는지의 여부를 묻는다고 합니다. 그러니까 그 분이 관심을 갖는 것은 훌륭한 말, 멋있는 옷, 아니면 가진 재산이 아니라는 말입니다. 그 분은 오직 우리 가슴의 아름다움과 순수함, 우리가 정신적으로 아름다운지의 여부에만 관심을 가집니다(『마스나위』, 2:1776). 다음의 구절들을 보십시오.

어떤 재산도, 선물도 쓸모없는 날,
그러나 건전한 가슴을 갖고
신 앞에 오는 오직 그 사람만이
(『슈아라』, 26, 88-89)

모든 종류의 불신, 위선으로부터 자유로워진 건전한 가슴을 갖고 당신 앞에 우리가 오기를, 그리고 당신과 친구로서 결합되는 것을 신은 우리에게 원하십니다.

– '건전한 가슴'은 순수하고 밝은 거울과 같습니까?

– 맞습니다. 순수하게 된 가슴은 밝은 거울과 같습니다. 그것은 최고의 선물입니다. 땅이나 하늘 어느 것도 전능하신 신을 품을 수 없습니다. 따라서 신의 아름다움을 위한 거울이 되는 아름다운 가슴보다 더 좋은 것은 없습니다. 이와 관련하여 루미는 다음의 비유 이야기를 제공합니다.

당신에게 거울을 가져왔노라

한 친구가 예언자 요셉을 방문하러 왔습니다. 요셉은, '친구여,

무슨 선물을 가져왔는가?'라고 묻자, 친구는 부끄러움을 느끼고 울면서 말했습니다. '그대는 재산도 풍부하고 비할 데 없는 아름다움도 가지고 있지 않은가? 오래 생각해보았지만 그대를 위한 마땅한 선물을 찾을 수 없었네. 내가 무엇을 가져와도 그것은 광물에 비하면 조각에 지나지 않고 바다에 비하면 물 한 방울과 같지 않은가? 내 손 안에 씨앗이 하나 있지만 그대의 창고에는 넘쳐나지 않은가? 이 세상에서 그대의 아름다움을 넘을 수는 없지. 따라서 나는 그대에게 주려고 깨끗한 거울을 가져왔네. 그대여, 하늘의 태양을 질투 나게 만드는 그대여! 그대 자신의 아름다움을 보는 것보다 더 아름다운 일이 그대에게 무엇이 있겠는가?'(『마스나위』, 1:126)

이런 거울을 주님께 가져갈 수 있는 사람은 얼마나 기쁠까요? 마지막으로 루미의 말을 들어봅시다.

우리가 왔다

우리가 왔다–
아직 들어보지 못한 말들을 가지고
그리고 사람들을 위해 자비로 가득 찬 얼굴을 하고서.
가슴들의 갈망을 우리는 느꼈네,
그리고 우리가 왔다. 어떤 혀도 넘어서는 혀를 가지고.
우리가 왔다
우리 위의 하늘을 우리 집으로 삼으면서,
그리고 모든 사람들을 우리 가족으로 삼으면서,
그리고 색깔이 없음을 우리의 색깔로 받아들였네.
72개의 민족들을 우리의 형제자매로 삼았네.

우리가 왔다
다른 사람들은 왔다가 떠났네―
그들은 살았고, 죽었고, 그리고 사라졌네.
우리는 태어났고 결코 죽지 않으리,
그리고 우리가 왔다. 결코 떠나지 않으려고.
우리가 왔다
모든 곳에 비처럼 내리려고,
모든 집에 태양처럼 들어가려고,
그리고 사람들이 대지처럼 우리의 얼굴을 만지게 하려고.
간단히 말하면, 사랑하려고 그리고 사랑 받으려고,
우리가 왔다

주

1. 키드르는 자신의 비유 이야기가 『꾸란』에 나오는 축복받은 사람이다(Kahf 18:60-82)
2. 글자 그대로의 뜻이 '듣기'인 세마는 빙글빙글 도는 춤을 통한 수피의 기도 형식이다. 루미는 신의 사랑에 도취 되었을 것이다. 그는 창조자에 대한 복종과 창조와의 조화 속에서 으로 춤을 추기 시작했다.
3. 수피 문학에서 마즈눈은 초심자를 상징한다. 마즈눈은 라일라와 절절한 사랑에 빠진다. 시간이 지나면 초심자의 스쳐 지나가는 사랑은 신과의 사랑으로 바뀐다. 따라서 라일라에 대한 사랑은 신에 대한 사랑을 위한 메타포이다.

4. 『꾸란』의 첫 장
5. 예언자 무함마드의 말씀
6. 글자 그대로의 뜻은 '결혼식 날 밤'이다. 루미는 이 메타포를, 죽는 행위는 신에게로 돌아 간다는 것을 의미한다는 것을 표현하기 위해서 사용했다. 따라서 믿는 사람에게 이것은 축하 받아야할 행복한 순간이다.
7. 수피의 용어로 보면 칠라는, 정신적인 훈련의 이름으로 초심자가 최소 40일간 엄격한 내핍 생활과 자기 훈련을 하는 고통의 기간을 내포한다.
8. 비유 이야기에서 네 사람은 서로 다른 언어, 터키, 아랍, 페르시아, 그리스 말을 하며, 무엇을 사는 지에 대해 의견을 달리한다. 이들은 모두 포도를 사고 싶어하지만 서로를 이해하지 못한다.(편집자)
9. "그분, 신, 절대적인 단일성의 유일한 분, 모든 것의 영원한 추구 대상(아무 것도 필요없는 그 분 자체), 만들지도 않고 만들어지지도 않는 그 분. 비교할 것이 아무 것도 없는 그 분"(Ikhas 112:1-4)
10. 동양 문학에서 시의 형식
11. 대천사 가브리엘
12. '잘라내다'를 의미하는 이 낱말은 『꾸란』의 구절을 참고 한다. "(번영을 포함하는 끊임없는 선으로부터) 잘려진 당신을 침해하는 그것"(Kawthar 108:3)
13. 아부 자흘은 메카 우상숭배자의 두목이고 예언자에 대한 최대의 적이었다.(번역자)
14. 와인은 '신의 사랑'을 나타내는, 수피들에게는 잘 알려진 메타포이다. 때때로 문자 그대로 이해하여 서양에서는 오해를 한다.

15. (무슬림, IIAN, 17) 일반 사람들에 대해 사용될 때 이 낱말은 자기의 사랑을 받는 부인의 자선에 대해 매우 예민한 사람을 나타낸다. 전능하신 신에 대해서는, 그 분의 왕국을 어느 누구와도 공유하지 않음을 말한다.
16. 이것은 예언자 무함마드의 말씀으로부터 나온 구체적인 범주이다. 표현은 예언자가 했지만 그 뜻은 신에게 속한다(번역자).
17. 『꾸란』(Nahl 16:92)를 보라
18. 전능하신 신 앞에서 우리의 연약함, 가난함, 무능함을 안다는 면에서 그리고 그 분의 하인으로서 우리 자신의 위치를 이해한다는 면에서, 단식은 다른 예배 형식보다 우월하게 여겨진다. 카드르의 밤은 라마단의 성스러운 달에서 세 번째 부분에서 나타난다. 헌신으로 이 밤을 보내는 것은 매우 큰 가치가 있다.
19. 외형적인 모습으로 보았을 때, 예언자 요셉은 이전에 창조된 가장 아름다운 인간이었다.

참고문헌

Abdulhakim, Halife. *İslam Düşüncesi Tarihi* (the History of Islamic thought), trans. Yusuf Z. Cömert, ed. M. M. Şerıfö Istanbul, İnsan, 1991.

Aflaki, Ahmet. *Ariflerin Menkıbeleri* (Parables of the Sages), trans. Tahsin Yazıcı. Hürriyet, 1973.

Arapaguş, Safi. "Mevlana Celaeddin Rumi'nin Eserleri Üzerine Yapılan .İngilizce Çalışmalar" (Studies in English on Rumi's Works), *Tasavvuf Dergisı*—Mevlana Özel Sayısı (The Magazine of Sufism—Rumi Special Issue), 2005.

Can,Şefik. 1995. *Mevlânâ: Hayatı Şahiyeti Fikirleri* (Rumi: His Life, Personality,and Thoughts). Istanbul, 1995.

—— *Divan-ı Kebir - Seçmeler* (Selections from Divan-i Kabir). Istanbul, 2000.

—— *Mevlana, Rubailer* (Rumi, quatrains), The city of Konya Ministry of Culture, 2006.

Ceyhan, Smih. "Mesnevi," *TDV İslam Ansiklopedisi* (TDV Encyclopedia of Islam), vol. 29. Ankara, 2004.

Chittick, William. "Rumi ve Mevlevilik," (Rumi and the Mevlevi Order), trans. Safi Arpaguş, *Tasavvuf Dergisi* (The Magazine of Sufism), Rumi Speial Issue, 2005.

Cumbur, Müjgan. "Mevlana'nın Eselerınde Türk Boyları ve Türk kelimesinin değerlendirilmesi" (An evalauation of the Referals to Turkish Peoples and the Use of the Word "Turk" in Rumi's

Works). Paper in *Bildiriler - Uluslararası Mevlana Semineri* (Proceedings of the International Rumi Seminary) Edited by Mehmet Önder. Ankara. Türkiye İş Bankası. 1974.

Çelebioğlu, Amil. *Mesneci-i Şerif, Aslı ve Sadeleştirilmesiyle Manzum Nahifi Tercümesi* (The Original Text of Nahifi's Translation of the Masnawi and its Simplified Form). Istanbul. Sönmez Neşriyat, 1967.

Demirci, Mehmet. *Fihi Mafih*, 13:58-59. DVIA.

Demirel, Şener. *Dinle Neyden* (Listen th the Ney). Ankara. Araştırma Yayınları, 2005.

Furuzanfar, Bediüzzaman, *Mevlana Celaleddin*, trans. Feridun Nafız Uzluk. Istanbul, 1986.

Göktaş, Vahit. "Mevlana-Şems Münasebetinde İnsan-ı Maşuk Felsefesi" (An Understanding of " The Beloved Person" in the Rumi-Shams Relationship), *Tasavvuf Dergisi*—Mevlana Özel Sayısı (The Magazine of Sufism—Rumi Special Issue)2005.

Gölpınarlı, Abdulbaki. *Mevlevi Adap ve Erkanı* (Mevlevi Ethics and Manners). Istanbul. İnkılap ve Aka, 1963.

——1959a. *Mevlana Celaleddin*, Istanbul.

——1959b.,"Mevlana Şems-i Tebrizi ile Altmış İki Yaşında Buluştu"(Rumi Met Shamsi Tabrizi at 62), *Şarkiyat Mecmuası*, 1959.

—— *Mevlanadan Sonra Mevlevilik* (The Mevlevi Order After Rumi). Istanbul.

Güleç, İsmail. *Türk Edebiyatında Mesnevi Tercüme ve Şerheri* (The

Masnawi's Translations and Explanatory Works in Turkish Literature). TUBA: 2003.

Hasan, Seriful. "Mevlana ve İkbal" (Rumi and Iqbal). Paper in *Bildiriler - Uluslararası Mevlana Semineri* (Proceedings of the International Rumi Seminary), Edited by Mehmet Önder. Ankara, Türkiye İş Bankası, 1974.

Kabaklı, Ahmet. Mevlana. Toker, 1973.

Kadir, A. Bugünün Diliyle *Mevlana* (Rumi in Contemporary Language), Gözlem, 1980.

Kafalı, Mustafa. *Cengiz Han*, DVIA. 1983.

Karaismailoğlu, Adnan. *Mevlana Kongrelerine Sunulmuş Tebliğler Bibliyografyası* (A Bibliography of the Proceeedings of the Rumi Symposiums). Konya: 1996.

Koner, M.Muhlis. *Mesnevi'nin Özü*(The Essence of the Masnawi).Konya. 1961.

Köprülü, Fuad. *İlk Mutasavvıflar* (First Sufis). Ankara. (1919). 1966.

Mazioğlu, Hasibe, "Mesnevinin Türkçe Nanzum Tercüme ve Şerhleri" (The Masnawi' Turkish Translations in Verse With Annotations). Paper in *Bildiriler - Uluslararası Mevlana Semineri* (Proceedings of the International Rumi Seminary), Edited by Mehmet Önder, 275-297. Ankakra, Türkiye İş Bankası, 1974.

Melikoff,Irene. "Batı Hümanizmasının Karşısında Mevlana'nın Hümanizaması" (The Humanism of Rumi Versus Western Humanism), *Mevlana : Yirmi Altı Bilim Adamının Mevlana*

       Üzerine Araştırmaları (26 Researchers on Rumi), (ed. Feyzi Halıcı), Konya, 1983.

Rumi, Mevlana Celaleddin. Mecalis-i Seba (Majalisi Saba-The Seven Pieces of Advice), trans M.Hulusi. ed. M. Doğan Bayın. Istanbul. Kırkanbar, 2001.

—— *Mecalis-i Seba, Mektubat*—Seçmeler,(Selections from Majalisi Saba and Rumi's Letters), ed. Abdulbaki Gölpınarlı, The City of Konya Ministry of Culture, 2006.

—— *Mesnevi*(Masnawi). trans. Veled İzbudak. Istanbul, 1988.

—— *Divan-i Kebir* (Divani Kabir-The Great Divan). ed. Abdulbaki Gölpınarlı, Kültür Bakanlığı, 1992.

—— *Fihi Mafih*, trans. Meliha Ülker Tarıkahya, Maarif Basımevi, 1954.

——*Mesnevi ve Şerhi* (The Masnwai and Its Explanation). Ankara. Turkish Ministry of Culture, 1989

Nicholson, R. A., *Mevlana Celaleddin Rumi*, trans. Ayten Lermigoğlu. Istanbul. Tercüman Gazetesi

Okuyucu, Cihan. *İçimizdeki Mevlana* (The Rumi Within Us). Istanbul. Bilge, 2002.

—— 2006. *Mevlana Konuşuyor* (Rumi Talks). Istanbul. Bilge.

Önder, Mehmet. *Mevlana Celaleddin-i Rumi*. Ankara, 1986.

Önder, MEhmet, İsmet Binark, and Nejat Sefercioğlu. Eds, *Mevlanan Bibliyografyası*. Ankra. Türkiye İş Bankası, 1974.

Öngören, Reşat. *Mevlana*. DVIA, 2004.

Ritter, Helmut. *Celaleddin Rumi*. vol. III. IA, 1993.

Sahih Ahmed Dede, *Mevlevilerin Tarihi* (The History of the Mevlevis), ed. Cem Zorlu, Istanbul, 2003.

Schimmel, Annemarie. 1992. *I am Wind You are Fire: The Life and Work of Rumi* ; Boston.

―― 2002. *Ask, Mevlana ve Mistisizm* (Love, Rumi, and Mysticism), ed. Senail Özkan. Kırkambar.

―― 1993. "Mevlava Celaleddin Rumi'nin Şarkta ve Garbta Tesirleri" (The Influence of Rumi in the East and the West). Paper at the Sixth National Rumi Conference, Konya.

―― 1978. *Mevlana ve Yaşama Sevinci* (Rumi and the Joy of Living), ed. Feyzi Halıcı. Konya. Konya Turizm Derneği.

Sipahsalar, Faridun. *Mevlana ve Etrafindakiler* (The Risala of Sipahslar), trans. Tahsin Yazıcı, Istanbul. Turcüman, 1976.

Sultan Walad, *Ibtidaname*, trans. Abudulbaki Gölpınarlı. Ankara, 1976.

Şems-i Tebrizi (Shams of Tabriz). *Konuşmalar: Makalat,* trans. M. Nuri Gencosman. Istanbul, 1974.

Yaylalı, Kamil. *Mevlanada İnanç Sistemi* (The Belief System of Rumi), Konya.

Yakıt, İsmail, "Mevlana'ya Göre Hayatın Evrimi" (The Stages of Life According to Rumi), Paper at the Second National Rumi Conference, Konya, 1987.

――1993. *Batı Düşüncesi ve Mevlana* (Western Thought and Rumi). Istanbul. Ötüken.

Yazıcı, Tahsin. Divan-i Kebir, 9:432-433. DVIA, 1994.

Yeniterzi, Emine. *Mevlana Celaleddin Rumi*. Ankara. TDV: 1995.

색인

가
가브하르 하툰Gawhar Hatun 32, 33
고행Chila 65
귤쉐흐리Gulshehri 92
기야세딘 카이후스라브Giyaseddin Kayhusrav 73, 74

나
나자메띤 쿠브라Najmeddin Kubra 25, 30, 79
나자메띤 라지Najmeddin Razi 79
네이Ney 46, 47, 86, 100

다
다마스쿠스Damascus 31, 35, 36, 37, 45, 49, 50, 77, 78, 79, 80, 82
단식 62, 65, 90, 176, 177, 179, 180, 181, 185, 186, 187, 188, 200

라
라마단Ramadan 184, 188, 200
라렌드Larende(카라만Karaman) 31, 32, 33
레이놀드 니콜슨Reynold Nicholson 93, 98
루크메띤 글르차르슬란Rukneddin Kilicarslan Ⅳ 73, 74, 75

마
마아리프Maarif 29, 34
마즈눈Majnun 52, 54, 59, 108, 109, 170, 199
마즈무아툴 라타이프Majmuatul Lataif 92
마카라트Maqalat 37, 41, 47, 48, 77
마즈데띤Majdeddin of Baghdad 18, 19, 26, 96
메블라나Mawlana 18, 19, 26, 96

만티쿠트 타이르Mantiqut Tayr 57, 92
메블레비 숙소Mevlevi lodges 82
메블레비 교단Mevlevi order 52, 81, 82
몽골의 침입Mongolian invasion 25, 26, 30, 31, 79
모세Moses 13, 41, 65, 67, 83, 106, 110, 116, 117, 132, 133, 151, 158, 179, 191, 192, 193
무이네딘 파르와나Muineddin Parwana 74, 75, 76
무함마드Muhammad (예언자) 18, 36,39, 42, 66, 71, 106, 110, 115,118, 129, 145, 150,
무함마드 알레띤Muhammad Alaeddin 26, 33,
무함마드 빈 압둘라Muhammad bin Abdullah (콘야 출신) 91
무함마드 이크발Muhammad Iqbal 93, 97
무히띤 아라비Muhyiddin Ibn Arabi 36, 77
무미나 하툰Mumina Hatun 26, 32

바

바르시사Barsisa 29
베예지드 알 비스타미Bayezid al-Bistami 144, 145, 146
바하에띤 카니Bahaeddin Kani 39, 78
바흐룰 다나Bahlul Dana 159

사

사나이Sanai 57, 80, 90, 95, 86
사드레띤 코네위Sadreddin Konevi 36, 61, 64, 78, 79
세마Sama 46, 47, 51, 56, 79, 81, 82, 83, 84, 85, 86, 94, 98, 199
사이이드 부르하네띤Sayyid Burhaneddin 22, 29, 35, 65
사피에띤Safiyyeddin of India 58
시라자딘Sirajadin of Urmiya 64, 68, 80
살라하띤 자르쿠비Salahaddin Zarqubi 47, 53, 54, 55, 56, 84, 95
샤라페띤 라라Sharafeddin Lala 28
샤하베띤 수흐라와디Shahabeddin Suhrawardi 31
쉐이크 사디Sheikh Sadi of Shiraz 81

솔로몬Solomon (예언자) 134, 186, 195
쉼멜Schimmel (안마리Annemarie) 93, 94

아

아나톨리아Anatolia 18, 19, 27, 38, 73, 81, 82, 92
아담Adam 110, 150
알레띤 카이쿠바트Alaeddin Kaykubat 33
알레띤 체레비Alaeddin Chelebi 23, 48, 72
아르베리Arberry (아더 존Arthur John) 12, 13, 93, 98
알레포Aleppo 35, 82
아미르 무사Amir Musa 32, 33
아스라르나마Asrarnama 30
에드워드 헨리 윈필드Edward Henry Whinfield 93
에바 데 비트레 메이예로비치Eva de Vitray-Meyerovitch 93
예수Jesus 13, 65, 100, 107, 108, 168, 169, 175, 185
요셉(예언자) 184, 197, 200
요한John (예언자) 168
이브트다나마Ibtidanama (왈라드나마Waladnama) 22, 23, 48, 50, 53
이스마일 안카라비Ismail Ankaravi 92
이제띤 카이카우스Izzeddin Kaykavus II 74

차

자카트Zakat 177

카

카바Ka'ba 179
카이세리Kayseri 35, 36, 67
쿠둠Qudum 86
쿠브라위 교단Kubrawi 25, 26
키드르Khidr 41, 199

키라 하툰Kira Hatun 47, 72

파

팔라크나마Falaknama 92
파라데띤 앗타르Farideddin Attar 23, 30
파크레띤 라지Fakhreddin Razi 29, 34
파크레띤 이라키Fakhreddin Iraqi 79
파트마 하툰Fatma Hatun 55

하

함자Hamza (예언자의 아저씨) 193, 194, 195
헬무트 리터Helmut Ritter 28, 93
후사메띤 체레비Husameddin Chelebi 53, 56, 89, 92, 95

루미, 수피즘의 영원한 스승

처음 인쇄 2014년 2 월 20 일
처음 발행 2014년 3 월 5 일

지은이/ 지한 오큐유주
옮긴이/ 나 정 원
펴낸이/ 이 승 한
펴낸곳/ 도서출판 엠-애드
등록번호/ 제2-2554
100-863 서울 중구 충무로 4가 36-7, 2층
전화/ 02)2278-8063,4
팩스/ 02)2275-8064
E-mail/ madd1@hanmail.net

정가: 15,000 원

이 책의 판권은 지은이와 엠-애드에 있습니다.
내용의 일부와 전부를 재사용하려면 반드시 양측의 동의를 받아야 합니다.
잘못된 책은 바꾸어 드립니다.

ISBN 978-89-6575-051-2(03300)